Zehn kleine Shetlandponys sehnen sich nach Abenteuern in fremden Ländern fern ihrer Heimat, den stürmischen Shetlandinseln im rauen Nordatlantik. Über London, Amsterdam und Hamburg gelangen sie bis Rom und Madrid. An jedem dieser Orte warten beeindruckende Erfahrungen: Aufregend, lehrreich und anrührend.

An jedem Ort bleibt eines zurück.

Werden sie sich wiedersehen?

Die Leser lernen Europa um das Jahr 1900 kennen.

Herstellung und Verlag

BoD – Books on Demand, Norderstedt

ISBN: 9783754318652

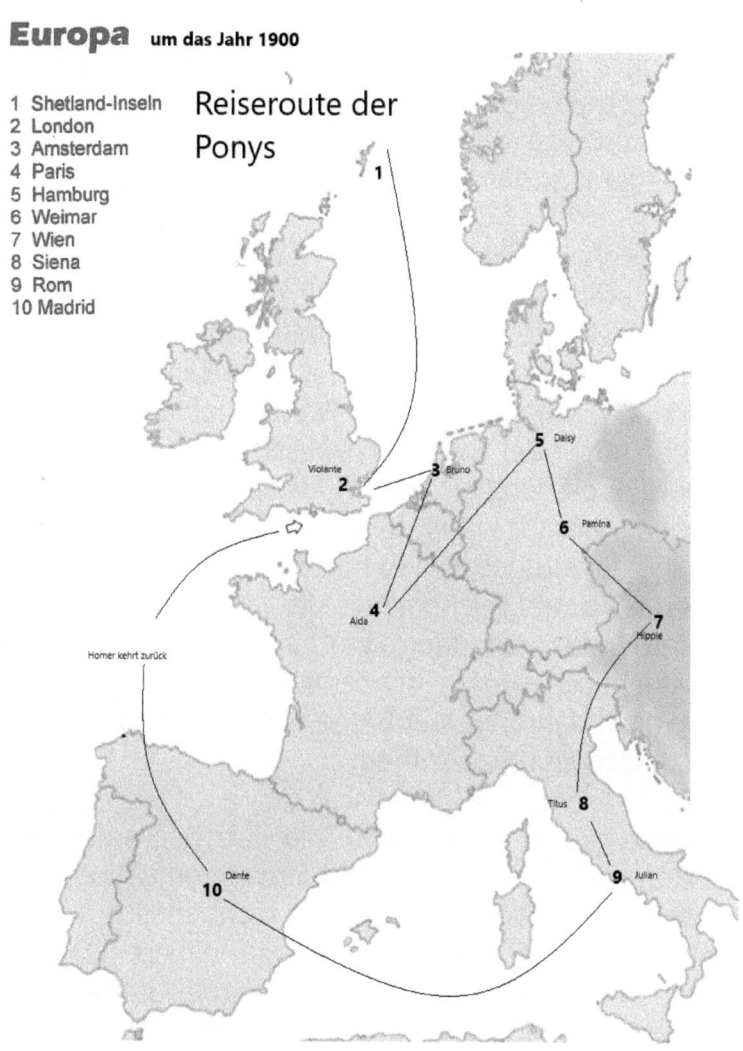

Europa um das Jahr 1900

1 Shetland-Inseln
2 London
3 Amsterdam
4 Paris
5 Hamburg
6 Weimar
7 Wien
8 Siena
9 Rom
10 Madrid

Reiseroute der Ponys

SHETLAND– **Inseln im Nordmeer**

Obwohl der Regen in dicken Schnüren zur Erde rauschte, fiel er nicht in gerader Linie herunter. Ein kräftiger Nord-Ost-Wind trieb die Wassermassen vor sich her und formte aus ihnen riesige, durchsichtige Vorhänge, die sich öffneten und wieder zusammen-geblasen wurden.

Den kleinen Pferdchen machten Wind und Regen nichts aus. Anderes Wetter kannten sie kaum. Ihre Heimat, eine karge Insel, die zu der Shetland-Gruppe nördlich der schottischen Küste gehörte, war vom Klima nicht gerade verwöhnt. Sonnenschein und Wärme gab es zwar hin und wieder, aber viel häufiger mussten die Ponys Nebel, Schnee, Frost und – wie in diesem Moment – Nässe ertragen. Aber sie waren für dieses Dasein wie geschaffen. Ihr langes, zottiges Fell schützte vor Kälte. Die geringe Körpergröße, vergleichbar mit der eines ausgewachsenen Schäferhundes, verhinderte Wärmeverlust. Vor allem waren sie ungeheuer stark. Stundenlang konnten sie auf der Suche nach Nahrung über Berge und Täler traben, ohne die leiseste Ermüdung zu spüren.

Es waren genau zehn Ponys, die ihre Köpfe zusammen-steckten und offenbar eine lebhafte Unterhaltung führten. Auf den ersten Blick sahen sie sich recht ähnlich, zumal der Regen die Sicht etwas trübte. Bei näherem Hinsehen zeigten sich jedoch Unterschiede in Farbe, Größe, Schweif-länge oder Frisur. Einige trugen die Mähne am Hals kurz geschnitten, ließen das Haar jedoch langsträhnig über die Augen fallen. Andere bevorzugten einen modischen

Bürstenschnitt auf dem Kopf, während die Mähne fast bis auf den Boden reichte. Eines der Pferdchen – es war wohl ein Mädchen – hatte seine langen blonden Haare zu Zöpfen geflochten und sah damit sehr niedlich aus. Sie hieß Pamina und war die Jüngste der Gruppe. Der Älteste, ein schwarzer Hengst mit einem weißen Punkt auf der Stirn, schien so etwas wie der Anführer zu sein. Er konnte nämlich lesen und schreiben und noch besser Fußball spielen. Homer – so war sein Name – dachte gerade angestrengt nach, denn auf seiner Stirn zeigten sich tiefe Falten. „Freunde", begann er bedächtig und kaute dabei auf einem Grashalm, „so kann es nicht weitergehen. Mich langweilt dieses beschauliche Leben. Gut, wir haben alles, was man zur Zufriedenheit braucht. Reichlich Futter, erfrischenden Regen und herrlich weichen Schnee zur schönen Winterszeit. Auch ist es vergnüglich, mit euch herumzutoben und allerlei Streiche auszuhecken. Trotzdem, ich spüre eine Sehnsucht in mir nach Abenteuern und fernen Ländern. Es zieht mich unwiderstehlich in die weite Welt."

Violante, eine lebhafte, braun-weiß gescheckte Teenager-Stute, nickte zustimmend, wobei ihr die Brille ein wenig verrutschte. „Homer hat recht, ich empfinde das genauso. Jeden Morgen nach dem Aufstehen danke ich unserem Gott Equus dafür, dass er uns nährt und beschützt und lege immer drei saftige Haferkörner in seine Opferschale. Einmal wollte ich ihn ein bisschen ärgern und vergaß die Hafer-körner. Es passierte aber nichts. Niemand wurde krank, es gab kein schreckliches Unwetter und die Schule wurde auch nicht vom Blitz getroffen. Alles blieb, wie es war – behaglich, aber eintönig. Vielleicht ist Equus schon ein wenig schläfrig geworden und lässt die Dinge einfach laufen."

Nun meldete sich Titus zu Wort. Titus liebte die Welt der Sagen und Märchen, und wenn er sprach, glaubte man einen Ritter aus König Artus Tafelrunde zu hören. „So vernehmt denn", begann er würdevoll, „in alter Zeit geschah gar Wundersames, und zwar fast jeden Tag. Für unsere seligen Vorfahren existierte das Wort Langeweile nicht. Ihr Leben war ein einziges Abenteuer. Nehmt zum Beispiel den göttlichen Pegasus, der seinen Reiter sogar in die Lüfte entführen konnte. Oder denkt an Bucephalos, das herrliche Ross Alexanders des Großen. Es hat den König fast bis an das Ende der Welt getragen. Zahlreiche Beispiele könnte ich euch noch nennen: Prinz Eisenherz' roten Hengst Arvak. Beyart, das gewaltige schwarze Ross, das die vier Heimonskinder in voller Rüstung auf seinem Rücken tragen konnte. Don Quichotes Rosinante. Lasst uns anknüpfen an das heldenhafte Dasein unserer Ahnen, denn ihr Mut, ihre Abenteuerlust und ihre unbändige Kraft pulsiert auch in unseren Adern."

„Gut und schön", meinte daraufhin Aida, die für ein Pony recht groß und von schöner Gestalt war, "aber ich kann leider nicht fliegen. Und wer weiß, ob es am Ende der Welt meine Lieblingsschokolade gibt?"

Daisy spielte verträumt mit ihren langen, blonden Locken und seufzte laut: „Ach, wenn ich mir vorstelle, dass so ein starker Ritter in prunkvoller Rüstung auf meinem Rücken sitzt, einen Federbusch auf dem Helm und einen Strauß Rosen in der Hand. Wie aufregend!"

„Du würdest glatt zusammenbrechen", brummte daraufhin der starke Bruno, „da brauchst du schon solche Muskeln wie ich sie habe. Außerdem sind diese Ritter meistens eitle Angeber. Anstatt sich um lästige Drachen zu kümmern, scharwenzeln sie den ganzen Tag um die schönen Hoffräuleins herum."

„Rohe Kräfte allein sind wertlos, für uns Pferde ist die Eleganz der Bewegungen wichtig." Die kleine zierliche Hippie zeigte einen Handstand mit Überschlag und anschließendem Spagat. „Nur so kann man in der Welt zurechtkommen, und wenn ihr in der Fremde überleben wollt, müsst ihr schon einige Kunststückchen beherrschen. Die Leute lieben das."

„Recht hat sie", stimmte Dante der kleinen Tänzerin zu, „denn – wie der Dichter schon sagt:

> *„Wo rohe Kräfte sinnlos walten,*
> *da kann kein Gurt den Sattel halten!*

Andererseits, ganz ohne Muskelkraft geht es auch nicht. Ein anderer Dichter meint nämlich:

> *Wohl dem, der Mumm in seinen Knochen hat,*
> *allein vom Denken wird kein Kutschpferd satt."*

Dante war der Poet und Philosoph unter den Ponys der Shetlandinseln. Er hatte sämtliche Pferdebücher gelesen und schmückte seine Rede gern mit Zitaten aus Werken der Weltliteratur.

Ganz anders als Julian, der nüchterne Denker. Bevor Julian etwas sagte, dachte er gründlich nach. Er räusperte sich dezent, nahm einen tiefen Zug aus seiner Pfeife und stieß einen besonders schönen runden Rauchkringel aus. Die anderen schwiegen sofort und warteten gespannt auf die sicherlich sehr klugen Äußerungen ihres Klassenbesten. Es dauerte aber noch rund zwei Minuten, bevor sie folgende Worte hörten: „Es wäre nützlich für jeden von uns, ein bisschen mehr von der Welt zu sehen. Das erweitert den geistigen Horizont und schärft das Denkvermögen. Körper, Geist und Seele bilden zwar eine Einheit, aber sie beeinflussen sich gegenseitig. Wenn also das Gehirn als Sitz des Geistes gesund ist, dann ist auch der Körper frei von Krankheiten und die Seele freut sich. Ich wäre also sehr dafür, dass wir uns so schnell wie möglich auf die Hufe machen und fremde Länder mit ihren Sitten und Gebräuchen kennen lernen. Falls wir dann eines Tages heimkehren sollten, dann als gereifte und gebildete Weltbürger.‟

Die kleinen Pferdchen lauschten beeindruckt und nickten abwechselnd, um zu bestätigen, dass sie ähnlich dachten und fühlten wie ihr Freund Julian. Nachdem dieser seinen Vortrag beendet hatte, entstand eine kleine Pause. Dann redeten alle wild durcheinander, scharrten aufgeregt mit den Hufen und wollten am liebsten sofort aufbrechen. Aber es gab eine Menge zu bedenken, und viele Fragen mussten beantwortet werden: Wie kommen wir hier weg? Was müssen wir mitnehmen? Wohin gehen wir? Wann geht es los?

Die Heimat der Ponys lag mitten im stürmischen Atlantischen Ozean. Jetzt, im Herbst, wagten nur wenige Schiffe, den schützenden Hafen zu verlassen. Nur besonders seetüchtige Segler mit einer unerschrockenen Mannschaft konnten den entfesselten Elementen trotzen. Ein solches Schiff war die stolze *Albatros*, eine Viermastbark mit himmelhoch ragenden Masten, weißen Segeln und sauber geschrubbtem Oberdeck. Momentan jedoch lag sie fest vertäut an der Pier und zerrte an ihren Trossen. Der Kapitän, ein kleiner, rundlicher Mann mit Vollbart und Schiffermütze, beobachtete missmutig die grauen, sich jagenden Wolken und nuckelte nervös an seiner Pfeife. „Verdammtes Schietwetter, Hölle und Teufel noch mal! Da soll mich doch der Satan holen! Beim Barte Wotans, wie soll ich meine Ware pünktlich abliefern, wenn Poseidon so üble Laune hat und uns an den Kragen will? Hat wohl wieder zu viel schlechten Whisky getrunken. Jetzt ist auch noch die Hälfte meiner Mannschaft krank geworden. Haben sich wahrscheinlich im *Klabautermann* mit Schmugglern und Piraten geprügelt und schlafen jetzt ihren Rausch aus, Schlappschwänze und Halunken, alle miteinander!" Brummelnd und fluchend spuckte er in hohem Bogen in Lee und warf finstere Blicke in alle Himmelsrichtungen. „Ahoi, ist jemand an Bord? Wir möchten gern den Kapitän sprechen. Ist er da? Huhu, hallo!" „Lasst mich gefälligst in Ruhe," murmelte Käpt'n Fockschot unwillig, schaute dann aber doch ein wenig neugierig über die Reling auf die Pier hinunter. Da traf ihn fast der Schlag. Fröhlich winkend wieselten dort zehn kleine Pferdchen durcheinander, klatschten in die Hufe und stießen Freudenrufe aus. „Sind Sie der Kapitän?" Ein schwarzer Hengst mit einem weißen Punkt auf der Stirn näherte sich der Bordwand. Fockschot nickte wortlos und ließ dabei die Pfeife ins Wasser fallen. „Fein, wir möchten gern die Insel verlassen und Abenteuer erleben. Würden Sie uns mitnehmen? Wir können auch kräftig mit anpacken. Wohin geht denn die Reise?" „Nach England, genauer gesagt nach London." Kapitän Fockschot hatte einigermaßen die Fassung zurückgewonnen und spürte, wie ein Gefühl von Freude in seinem Herzen aufstieg. „Zehn kräftige Helfer kann ich gerade jetzt gut gebrauchen. Auch wenn es keine ausgebildeten Seeleute sind, so könnten sie doch beim Setzen und Bergen der Segel helfen und manch andere nützliche Aufgabe über-nehmen. Aye, aye, abgemacht. Kommt an Bord, ihr Landratten. Bootsmann Halbzart wird euch armseligen Maulwürfen beibringen, was eine Teerjacke können muss. Damit ihr wisst, was einen Palstek von einer Portion Spaghetti unterscheidet." „Jawohl, Herr Kapitän, aye, aye, wir kommen." Unter fröhlichem Lachen galoppierten unsere kleinen Abenteurer die Gangway hinauf, genau in die Arme des grimmigen Bootsmannes Francis Halbzart.

Fröhliches Lachen war an den folgenden zwei Tagen nicht mehr zu hören. Höchstens ein hämisches Grunzen des Bootsmannes, wenn eines der Pferdchen mal wieder zur Reling eilte, um sich stöhnend in die kochende See zu erbrechen. Aber sie waren von Natur aus tapfer und zäh und überwanden schnell alle Schwierigkeiten. Bald hatten sie sich an die heftigen Bewegungen des Schiffes gewöhnt, und wenn wieder einmal ein gewaltiger Brecher über das Oberdeck rollte und sie bis auf die Haut durchnässte, dann schüttelten sie sich einmal kurz und widmeten sich wieder ihrer Arbeit.

LONDON

Endlich der stürmischen See entronnen, gerieten unsere Freunde in ruhiges Fahrwasser. Zwar musste der Viermaster mühsam gegen den Westwind ankreuzen, aber das lästige Schaukeln hörte langsam auf. Schon tauchten in der Ferne die Umrisse von London auf, der größten Stadt der Welt. Der kluge Julian konnte sofort erklären, dass London vor ungefähr eintausendachthundertundfünfzig Jahren von den Römern gegründet wurde. „Sie gaben der Siedlung den Namen Londinium. Später, im Mittelalter, wohnten hier die englischen Könige und die berühmteste aller Königinnen, Elisabeth die Erste. Heute gibt es wieder eine Königin. Sie heißt Viktoria und ist gleichzeitig Kaiserin von Indien." Zufrieden lehnte Julian sich an die Reling, stopfte sich eine neue Pfeife und genoss die Bewunderung seiner Gefährten. Die Themse, so heißt der große Fluss, an dessen Ufern sich London erstreckt, wurde mitten in der Stadt von einer kürzlich erbauten Brücke überspannt, der Tower Bridge. Zwei Dampfschlepper bugsierten die *Albatros* schnaufend unter der Brücke hindurch zu einem geeigneten Anlegeplatz am linken Themseufer. Zwei Matrosen sprangen auf die Pier, zogen die schweren Haltetaue an Land und wickelten sie um die eisernen Poller. Das Ziel war erreicht und die Pferdchen konnten erleichtert von Bord gehen.

Staunend umrundeten sie die imposante Westminster Abbey und gelangten zum St James's Park. Vorbei an der Gruppe winziger Pferdchen bewegte sich ein wahrhaft prächtiger Paradezug in Richtung Buckingham Palast.

Vorneweg eine Schwadron schwere Reiterei, die königlichen Dragoner. Furchteinflößend mit ihren goldglänzenden Helmen, den ebenfalls blankpolierten Brustpanzern und Schaftstiefeln, die bis über das Knie reichten. Zu Fuß folgte die königliche Hofkapelle, angeführt von dem Tambourmajor, der den Takt vorgab und dazu einen mit bunten Schleifen geschmückten Taktstock schwang. Es waren mindestens 20 Trommler in schmucker Uniform, 10 Fanfarenbläser, 10 Trompeter und ein hünenhafter Soldat im Schottenrock, dessen Bauch fast so umfangreich war wie die Pauke, die er mit aller Kraft bearbeitete. Aida als Musikkennerin hörte als Erste heraus, welche Melodie da so lautstark gespielt wurde, und sie kannte sogar den Text. „Das ist die englische Nationalhymne", erklärte sie ihren Freunden, und musste dabei fast schreien. „Das stimmt", sagte ein kleines, ungefähr zehnjähriges Mädchen und berührte dabei vorsichtig Aidas Mähne, „sie heißt auf Englisch *God save the Queen*." Aida erlaubte dem Mädchen die zärtliche Berührung, schaute sie liebevoll an und beide sprachen im Chor den Text:

Gott schütze unsere gnädige Königin!
Lang lebe unsere edle Königin,
Gott schütze die Königin!

Lass sie siegreich,
Glücklich und ruhmreich sein,
Auf dass sie lang über uns herrsche!
Gott schütze die Königin!

Und da rollte sie heran, die goldene Kutsche mit Viktoria,

der Königin von Großbritannien und Kaiserin von Indien. Ganz in Schwarz war sie gekleidet, ihr Kopf umhüllt von einem schwarzen Tuch und bedeckt mit der prunkvollen Krone, die vor vielen Jahren extra zu ihrer Hochzeit angefertigt wurde. Ein bisschen traurig blickte sie umher, als wäre ihr der ganze Aufwand lästig, grüßte aber die jubelnde Menge mit erhobener Hand. „Sie ist schon ziemlich alt und trauert immer noch um ihren früh verstorbenen Mann Albert, den sie sehr geliebt hat", flüsterte die kleine Elisabeth in Aidas Ohr. Der Kutsche folgte eine weitere Truppe leichter Reiterei und eine Kompagnie Soldaten aus den von den Engländern eroberten Gebieten. Darunter Inder mit Turban und Krummsäbel und Schwarzafrikaner mit geschulterten Gewehren. Langsam verebbte das Geräusch schmetternder Trompeten und rasselnder Trommeln in der Ferne. „Es wird Zeit, dass wir uns ein Quartier suchen", mahnte der seiner Verantwortung bewusste Homer. „Wie wäre es mit den königlichen Stallungen?", schlug Aida vor, „da finden wir bestimmt Essen und Unterkunft. Wir brauchen nur der Musik zu folgen."

„Wir sind nicht vollzählig", stellte Homer besorgt fest, „wo ist Violante, hat jemand Violante gesehen?" Er schaute sich etwas ratlos um, konnte seine Gefährtin aber nirgends entdecken. Da meldete sich die kleine Elisabeth: „Ich habe gesehen, wie ein seltsam gekleideter Mann sie angesprochen hat. Er trug eine karierte Schiebermütze auf dem Kopf, Knickerbocker und ein kariertes Hemd. Ich habe nur kurz nach der Königin in ihrer Kutsche geschaut, und als ich mich wieder mit Violante beschäftigen wollte, war sie verschwunden. Der komische Mann war auch weg." „Das ist ja furchtbar", jammerte Daisy, „sie ist bestimmt entführt worden. Wir müssen die Polizei holen." Elisabeth überlegte kurz und meinte dann: „Da wüsste ich etwas Besseres. Die Polizei wird sich kaum um ein vermisstes Pony kümmern. Wir sollten zu dem berühmtesten Detektiv der Welt gehen. Der findet garantiert eine Spur, falls Violante wirklich entführt wurde. Er heißt Sherlock Holmes und wohnt in der Baker Street 221b. Ich kann euch dort hinbringen." Homer freute sich über das Angebot und wirkte etwas erleichtert. „Dann nichts wie hin zu dem Detektiv. Hoffentlich kann er uns helfen."

Ein Messingschild an der Eingangstür mit der Nummer 221b forderte den Besucher auf, kräftig am Klingelseil zu ziehen. Das tat Homer auch, und im Inneren des kleinen Reihenhauses schepperte eine Glocke und eine Stimme rief: „Ich komme ja schon!" Die Tür öffnete sich und ein rundlicher Mann mit freundlichem Gesicht schaute halb erstaunt, halb belustigt auf die kleine Horde Pferdchen herab. „Die Ponys haben ein Problem," meldete sich die kleine Elisabeth, „und Mr. Holmes kann ihnen bestimmt helfen. Sind Sie Mr. Holmes?" „Nein, mein Name ist Watson, Dr. Watson. Sherlock Holmes ist mein Freund und Partner. Aber kommt doch herein, dann könnt ihr ihn selbst begrüßen." Der berühmte Detektiv saß bequem in einem gemütlichen Ohrensessel mit hoher Lehne und hatte die Augen geschlossen. Dabei sog er nachdenklich an einer schweren, gebogenen Tabakspfeife, der in regelmäßigen Abständen ein Rauchwölkchen entwich. Vor ihm knisterte ein Feuerchen im offenen Kamin und verströmte Wärme und Geborgenheit. „Er denkt nach", sagte Dr. Watson. Das tut er immer. Sein Gehirn arbeitet ununterbrochen, selbst wenn er isst oder trinkt oder schläft. Wir müssen uns ein wenig gedulden." Die kleine Elisabeth ging jedoch unbekümmert zu dem Mann im Ohrensessel und zupfte ihn am Ärmel: „Meine kleinen Freunde hier benötigen dringend Ihre Hilfe. Wir dürfen keine Zeit verlieren. Violante ist wahrscheinlich entführt worden. Wir befürchten das Schlimmste." „Ich kombiniere, "sprach Sherlock Holmes bedächtig und öffnete dabei langsam die Augen," Violante gehört sicher zu der Gruppe dieser netten Besucher hier und ist ebenfalls ein Shetland-Pony. Ihr seid entweder Touristen oder Abenteurer oder beides. Dem Zustand eurer Kleidung nach zu schließen, noch nicht lange unterwegs. Die Hufe sind kaum abgewetzt, also seid ihr per Schiff nach London gelangt. Darauf deutet auch ein leichter Teergeruch hin." „Offenbar haben wir tatsächlich das Genie gefunden, welches das rätselhafte Verschwinden unserer Gefährtin aufklären kann," zeigte sich Julian überzeugt und alle nickten zustimmend. „Noch nie hatte ich eine solch ungewöhnliche Kundschaft," sprach der Detektiv und erhob sich aus seinem Sessel, „ich übernehme den Fall. Mein Instinkt wittert ein besonders perfides Verbrechen und ich werde dem Schuldigen das Handwerk legen. Niemand entkommt meinem Spürsinn. Lasst uns also den Ort des Geschehens aufsuchen."

Daraufhin begab sich die Gruppe aus 9 Ponys, einem Detektiv und einem kleinen Mädchen zu der Stelle, an der sie die königliche Parade bestaunt hatten. Sherlock holte eine Lupe hervor, bückte sich und suchte sorgfältig nach

verräterischen Spuren. „Aha," murmelte er und hob ein abgebranntes Streichholz sowie eine halb gerauchte Zigarre auf, „der Mann ist also Zigarren-raucher. Seine Schneide-zähne stehen auseinander und bilden eine Lücke, das sieht man hier auf dem Stummel. Hier sind seine Fußabdrücke. Er hat Schuhgröße 43 und liebt hohe Absätze, vermutlich um größer zu erscheinen. Ich schätze seine Größe auf 1,71 Meter bei einem Gewicht von 90 kg, denn die Absätze haben sich recht tief in dem ansonsten festen Untergrund eingeprägt. Einmal hat er sich gebückt, um die Schuh-bänder fester zu schnüren. Dabei ist ihm die Mütze vom Kopf gefallen, eine sogenannte Schiebermütze, vermutlich kariert mit einem Knopf obendrauf. Hier sieht man den entsprechenden Abdruck. Und dort verlaufen seine Fußabdrücke neben den kleinen Hufspuren von Violante. Sie scheint sich zu sträuben, denn alle Hufe hinterlassen Schleifspuren. Oha, was ist denn das hier? Eine Visitenkarte, die muss ihm aus der Tasche gefallen sein. Mal sehen, was darauf steht:

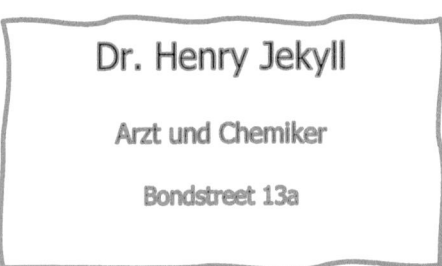

Dr. Henry Jekyll

Arzt und Chemiker

Bondstreet 13a

Das ist ein Freund von mir. Was hat der mit dem Ganoven zu schaffen? Wir werden es herausbekommen. Wir statten ihm auf der Stelle einen Besuch ab."

„Wie schön, dass Du mich einmal besuchst, alter Freund", freute sich Dr. Jekyll und strahlte über das ganze Gesicht, „und bringst auch noch nette Gäste mit. Kommt mit in mein Labor, da ist viel Platz und ich kann mein Experiment im Auge behalten, mit dem ich mich gerade beschäftige." Das Labor von Dr. Jekyll konnte man als chaotisch bezeichnen. Überall standen Tische herum mit seltsamen Geräten und Flaschen voller Chemikalien, die in allen Farben leuchteten. Haufen von Reagenzgläsern bedeckten sogar den Fußboden und inmitten des heillosen Durcheinanders brodelte eine dunkelviolette Flüssigkeit in einer Retorte vor sich hin. „Das da ist mein neuester Auftrag", sagte Dr. Jekyll und zeigte auf die Retorte. Das Mittel ist gleich fertig. Der Auftraggeber scheint sehr vermögend zu sein. Er hat mir sehr viel Geld versprochen und schon zwei Goldstücke angezahlt." „Dieser Mann ist ungefähr 1,71 groß und wiegt c a. 90 kg. Er hat eine Zahnlücke und trägt eine karierte Schiebermütze mit einem Knopf obendrauf. Ist das dein Auftraggeber, lieber Freund?", fragte Sherlock den erstaunten Doktor. „Donnerwetter, genau das ist er. Ja, dieser Mann war hier. Woher weißt Du das so genau?" „Das erkläre ich Dir später", antwortete der Detektiv, „jetzt müssen wir wahrscheinlich ein Verbrechen verhindern. Was wollte der Mann von Dir?" „Er hatte von meinen Experimenten gehört und wünschte sich ein spezielles Mittel, mit dem man Pferde verändern kann. Das Mittel soll aus einem kleinen Pferdchen ein unbesiegbares Rennpferd machen. Noch heute möchte er den Zaubertrank abholen. Plant er tatsächlich ein Verbrechen? Das beunruhigt mich jetzt aber. Ich bekomme Bauchschmerzen. Was weißt Du noch über diesen Gentlemen, lieber Sherlock?" „Du hast zu Recht ein ungutes Gefühl bei diesem Handel", erklärte Sherlock Holmes, „der Mann heißt Bill Hunter und ist ein bekannter Betrüger. Er hat schon mehrfach im Gefängnis gesessen, was ihn leider nicht zu einem besseren Menschen geformt hat. Neuerdings hat er sich auf Pferdewetten spezialisiert." „Das stimmt wohl", meinte Dr. Jekyll nachdenklich, „denn beim Abschied rieb er sich die Hände und murmelte etwas wie *„diesmal muss es gelingen"* und *„das Grand National macht mich reich"* und lachte in sich hinein." Nach einigem Nachdenken wurde dem berühmten Detektiv klar, was der böse Mann plante. Und der scharfsinnige Superdetektiv teilte das Ergebnis seiner Schlussfolgerungen dem gespannt lauschenden Publikum mit:

„Alljährlich findet in der Nähe von Liverpool das gefährlichste Pferderennen der Welt statt, das *Grand National*. Rund 40 Pferde müssen eine Strecke von 7,2 Kilometern zurücklegen und dabei 30 Hindernisse überwinden. Das schlimmste Hindernis, eine gewaltige Hecke mit anschließendem Wassergraben, heißt Beechers Brook, weil ein Reiter namens Martin Beecher hier 1839 schwer gestürzt ist. Die meisten Pferde erreichen nie das Ziel, weil sie vorher stürzen und sich schwer verletzen. Es ist eine grausame Quälerei, schlimmer als die Wagenrennen im alten Rom. Aber es wird viel Geld verdient, und wer auf den Sieger gewettet hat, wird ein reicher Mann. Genau das möchte unser Bill Hunter werden. Mit dem Wundermittel von Dr. Jekyll will er Violante in ein Superpferd verwandeln und eine hohe Wette auf ihren Sieg abschließen. Dass Violante gewinnt, steht für ihn natürlich fest. Er wird das

Wundermittel abholen, Violante zu der Rennbahn nach Aintree bei Liverpool bringen und sie für das Rennen am kommenden Samstag anmelden. Kurz vor dem Start wird er ihr das Mittel einflößen, sich auf ihren Rücken schwingen und das Rennen als Sieger beenden." „Leider habe ich diesen Schuft nicht durchschaut, ich bin offenbar zu leichtgläubig. Aber wir werden ihm gehörig die Suppe versalzen. Noch hat er die Bestellung nicht abgeholt. Das kann aber jeden Moment passieren. Ich werde das Getränk ein wenig verändern. Es dauert nur wenige Minuten." Eilig machte sich Dr. Jekyll ans Werk. Kaum war er fertig, klopfte es an der Tür und Bill Hunter verlangte seine – wie er es ausdrückte – Medizin. Die bekam er auch, bezahlte sie großzügig und eilte davon. „Aintree, ich komme, ich siege. Zieht euch warm an, ich werde euch alle in Grund und Boden reiten, ihr Flaschen. Ich werde reich!", so freute sich der Betrüger und lachte hämisch dabei.

Kaum war er um die Ecke verschwunden, eilten 9 Ponys, ein kleines Mädchen, ein berühmter Detektiv und ein Genie der Wissenschaft zum Bahnhof und erwischten die nächste Dampflokomotive nach Liverpool. Es galt, den Start zum Grand National nicht zu verpassen.

Da standen sie nun in einer Reihe, dreißig aufgeregt schnaubende Rassepferde und fieberten hufescharrend dem Startsignal entgegen. Eines überragte alle anderen und verhielt sich ungewöhnlich still. Es sah genauso aus wie Violante, nur viel größer, mit langen kräftigen Beinen und einer Brille auf der Nase. Auf ihrem Rücken hockte der Ganove Bill Hunter, der bereits darüber nachdachte, was er mit der enormen Siegprämie alles anstellen würde. Eine Villa am Meer würde er sich kaufen. Dort würde er seinen Triumph feiern mit Strömen von Champagner und kiloweise Kaviar.

Ein Mann mit einer schwarz-weiß-karierten Flagge gab noch einmal letzte Anweisungen. Dann trat er eiligst beiseite, reckte eine Signalpistole in die Luft und feuerte den Startschuss ab. Mit donnernden Hufen setzte sich die Meute in Bewegung. Von Rücksichtnahme war nichts zu spüren. Jeder drängelte gnadenlos und versuchte, den Nachbarn von der Bahn zu schubsen. Schon lagen einige Pferde am Boden und begruben die Reiter unter sich. Jetzt näherten sie sich dem ersten Hindernis, einer 2 Meter hohen und 2 Meter breiten Hecke. Reiter wurden abgeworfen und flogen durch die Luft. Pferde blieben in der Hecke hängen oder stürzten auf der anderen Seite in einen Wassergraben, wo sie verletzt liegenblieben. Nach der halben Strecke waren nur noch fünf Teilnehmer übrig, der Rest wälzte sich schreiend am Boden. Violante war noch dabei, doch irgendwie veränderte sie sich auf seltsame Weise. Ihr gesamter Körper schrumpfte zusehends, die Beine wurden immer kürzer, so dass Bill Hunter fast auf Knien über den steinigen Untergrund rutschte. Die Reitstiefel sahen bereits aus wie durchlöcherte Lederfetzen, die sich Stück für Stück von den Unterschenkeln lösten, gefolgt von einem Paar Ringelsocken. Violante wurde keineswegs langsamer, im Gegenteil. Obwohl sie inzwischen ihre natürliche Form und Größe wiedererlangt hatte, besaß sie immer noch die ursprüngliche Kraft und Ausdauer eines Shetlandponys. Wutentbrannt raste sie auf das nächste Hindernis zu, das schrecklichste von allen, Beechers Brook. Kurz vor der gefürchteten Hecke vollführte sie einen Salto, der ihr bei jedem Turnwettbewerb die Goldmedaille eingebracht hätte. Dabei stemmte sie beide Arme in den Boden, stieß sich mit den Beinen kräftig ab, drehte sich um sich selbst und landete kurz vor der Hecke auf allen Vieren. Dem Reiter gelang sogar ein doppelter Salto, allerdings unfreiwillig. Wie ein Trapezkünstler wirbelte er über die Hecke, klatschte auf der anderen Seite in den Wassergraben und blieb zunächst benommen liegen. Von den Reitstiefeln und den Reithosen war kein Fetzen mehr übrig. Immerhin blieb dem verdutzten Bill Hunter noch die karierte, allerdings völlig durchnässte Unterhose. Schon war die Polizei zur Stelle. Zwei Bobbies, wie sie in England liebevoll genannt wurden, in Begleitung von Sherlock Holmes. Bill bekam ein Paar hübsche Handschellen angelegt und wurde in eine bereitstehende, schwarze Kutsche verfrachtet. Von zwei Rappen gezogen, steuerte diese das nächstgelegene Gefängnis an. Dort durfte der verhinderte Champion zerknirscht auf seinen Prozess warten.

Violante begrüßte überglücklich ihre Freunde, bedankte sich bei dem berühmten Detektiv Sherlock Holmes für seine Hilfe und umarmte gerührt die kleine Elisabeth. „Du hast mir erzählt, dass du keine Eltern hast und in einem Waisenhaus lebst. Ich werde bei dir bleiben und versuchen, das Sorgerecht für dich zu erhalten. Dann werden wir zusammen eine Wohnung mieten und bei Dr. Jekyll in die Lehre gehen. Mich hat die Chemie schon immer interessiert, und du wirst Tiermedizin studieren und eines Tages die Kutschpferde der Königin betreuen."

Zurück in London begaben sie sich zur Polizeidirektion und ließen sich die Belohnung auszahlen, die es für die Ergreifung des Ganoven Bill Hunter gab. Das Geld teilten sie sich mit Sherlock Holmes, Dr. Jekyll und der kleinen Elisabeth. Nun stand der Abschied bevor. „Lebt wohl, meine lieben Reisegenossen. Ich wünsche euch eine spannende Reise und viele positive Erlebnisse. Vergesst mich nicht." Violante liefen nun doch ein paar Tränen übers Gesicht. Nach herzlichen Umarmungen rannten die verbliebenen Neun zum Hafen und stellten erfreut fest, dass die *Albatros* immer noch an derselben Stelle lag, an der sie von Bord gegangen waren. Die Laderäume waren inzwischen gefüllt mit Getreide, Schafswolle und anderen Artikeln, mit denen die Engländer Handel trieben. „Hallo Matrosen", freute sich Kapitän Fockschot, „wie wär's mit einem kleinen Trip nach Amsterdam? Jetzt seid ihr keine Landratten mehr, die bei der kleinsten Welle über der Reling hängen und spucken." „Jawoll, Käpt'n, mit dem größten Vergnügen. Schließlich wollen wir Abenteuer erleben. Auf nach Amsterdam!"

Wenig später berichtete die *Times*, dass der Gauner Bill Hunter zur Strafe für seinen Betrug beim „Grand National" bis an sein Lebensende die königlichen Stallungen reinigen muss.

AMSTERDAM

Der englische Kanal zeigte sich mal wieder von seiner unfreundlichen Seite und ließ das stolze Schiff heftig auf den Wellen tanzen. Unsere kleinen Freunde waren jedoch inzwischen abgehärtet und empfanden sogar Freude am Toben der Elemente. Bald öffnete sich der Ärmelkanal trichterförmig in die Nordsee und als die „Albatros" südlich der Insel Texel in die Zuiderzee, eine riesige Meeresbucht, rauschte, glätteten sich die Wogen und der heftige Wind beruhigte sich langsam. Kapitän Fockschot ließ die Topsegel bergen und drehte den Bug seines Schiffes in Richtung Amsterdam, der reichen und berühmten Stadt am südlichsten Zipfel des Zuiderzee. Einige Stunden später lag die *Albatros* fest vertäut im Hafen von Amsterdam. Die Ponys hatten inzwischen mit der Besatzung Freundschaft geschlossen, und selbst dem rauen Bootsmann Halbzart lief eine Träne über die wettergegerbte Wange, als der Abschied bevorstand. Auf der Pier umarmten sich alle noch einmal herzlich, klopften sich auf die Schultern und wünschten sich allzeit Mast- und Schotbruch. Und immer eine Handbreit Wasser unter dem Kiel.

Amsterdam ist von zahlreichen Wasserkanälen, den Grachten, durchzogen. Dort herrscht ein reger Boots-verkehr, denn das Boot ist hier das wichtigste Verkehrsmittel. Aus aller Welt treffen Waren ein, die aus den weltweiten Besitzungen der Holländer stammen. Südfrüchte und Likör aus Curaçao, Bananen aus Surinam, Gewürze von der Malabarküste in Indien und Kokosnüsse aus Neuguinea. Die Grachten werden gesäumt von schmucken Lager- und Wohnhäusern, erbaut in dem unverwechselbaren holländischen Stil. Handwerk und Handel haben dieses Land reich gemacht und dieser Wohlstand brachte auch Kunst und Wissenschaft zum Erblühen. Antoni van Leeuwenhoek fertigte im 17. Jahrhundert das erste Mikroskop und entdeckte zahlreiche Bakterien und andere Kleinstlebewesen. Zu den größten Schätzen der Museen weltweit gehören Gemälde von Brueghel, Bosch, Rubens, Rembrandt, Frans Hals, van Dyck, Vermeer van Delft – um nur einige zu nennen. Seetüchtige Schiffe entstanden in den zahlreichen Werften und es wird erzählt, dass vor vielen Jahren sogar ein russischer Zar, als Zimmermann verkleidet, hier den Schiffbau erlernte.

Nach der anstrengenden Seereise verspürten unsere Abenteurer heftigen Hunger und Durst. Ein Bootsführer empfahl ihnen eine Kaffeestube in Hafennähe und erklärte sich bereit, die gesamte Gruppe dorthin zu rudern. Natürlich nicht kostenlos. Als Homer in den gemeinschaftlichen Geldbeutel schaute und feststellte, dass nach Entlohnung des Fährmannes nicht mehr allzu viele Münzen darin klingelten, bildeten sich Sorgenfalten auf seiner Stirn. Nun, für einen Pott Kaffee und einen Pfannkuchen für jeden sollte es noch reichen. Danach müssten sie sich nach einer Verdienstmöglichkeit umsehen.

In der Kaffeestube herrschte reges Treiben. Seeleute mit tätowierten Armen saßen hier hinter einem Glas Genever und prahlten laut mit ihren Abenteuern. Einer behauptete, auf einem Haifisch geritten zu sein. Ein anderer schwärmte von einer wunderschönen Seejungfrau, derentwegen er beinahe über Bord gesprungen wäre. Hafenarbeiter, Dienstboten, Marktfrauen, Handwerker, sie alle hörten gespannt zu und sparten nicht mit spöttischen Kommentaren. Die neun Ponys wurden von den Gästen begeistert begrüßt und von der Wirtsfrau an einen riesigen Eichentisch gebeten. Sofort wurden sie bedrängt, ebenfalls von ihren Erlebnissen zu berichten. Da ihre Reise gerade erst begonnen hatte und noch wenig Aufregendes passiert war, erzählten sie von ihrer Heimat und dem Leben auf den windgepeitschten Shetlandinseln. Die kleine Hippie zeigte dann noch einen Handstand auf der Tischkante und danach widmeten sich die Gäste zufrieden ihrem Kaffeepott, ihrer tönernen Tabakspfeife oder ihrem frisch gebackenen Pannekoeken mit Sirup.

„Liebe Kameraden," begann Homer leise und beugte sich mit ernster Miene über den Tisch, „wir sind ziemlich pleite und ich hoffe sehr, dass ich die Zeche hier noch begleichen kann von dem restlichen Geld. Doch wir brauchen eine Unterkunft für die Nacht und ein ordentliches Frühstück gibt es auch nicht umsonst. Ich bitte um Vorschläge." Alle starrten angestrengt in ihre Kaffeepötte und legten die Stirn in nachdenkliche Falten. Nur der starke Bruno erhob sich ganz langsam von seinem Stuhl und zeigte wortlos auf die gegenüberliegende Wand. Neun Augenpaare folgten seinem Vorderhuf und erblickten ein farbenfrohes Werbeplakat. In der Mitte zeigte es einen unheimlich großen, muskelbepackten Mann mit einer Art gestreiftem Badeanzug, gewaltigem Schnauzbart und einem Blick wie ein blutrünstiger Tiger. Mit dem linken Arm stemmte er einen Schmiedeamboss in die Höhe, am rechten ausgestreckten Arm hingen drei junge Frauen in holländischer Tracht, mit den typischen Holzschuhen an den Füßen. Darüber in riesigen Lettern:

MAX das MAMMUT
Der stärkste Mann der Welt

Am unteren Rand des Plakates war zu lesen:

Welcher echte Mann wagt es,
Max das Mammut zu einem Boxkampf herauszufordern?
Wer es schafft, drei Minuten auf den Beinen zu bleiben,
wird zum Sieger erklärt und gewinnt
1000 Gulden
Prämie.

Dann war da noch zu lesen, wo und wann das Spektakel stattfinden sollte. In einer halben Stunde nämlich, und zwar in einem Zirkuszelt vor der Oude Kerk im Stadtteil De Wallen. „Los Leute, nichts wie hin!". Bruno hatte es plötzlich eilig. „Den Kerl knöpfe ich mir vor."

Schon von weitem hörten sie das von einer größeren Menschenmenge ausgehende Grölen und Lachen. Dichtgedrängt standen die Leute im Zelt, und alle waren bester Laune. Mühsam mussten sich unsere Freunde einen Weg bahnen und mit vereinten Kräften gelang es ihnen, bis weit nach vorne vorzudringen. Dort bot sich ihnen ein ebenso komisches wie furchteinflößendes Bild. In der Mitte der Manege erhob sich eine roh aus Holz gezimmerte quadratische Plattform, ungefähr einen Meter hoch und mit einer Kantenlänge von rund sechs Metern. Vier an den Ecken der Plattform befestigte, bunt bemalte hölzerne Pfosten überragten diese um einen weiteren Meter. Um die Pfosten hatte man ein starkes Netz aus Hanfseilen gewunden und mit lustigen bunten Wimpeln geschmückt. Max, das Mammut, stand dort oben, fletschte die Zähne und gebärdete sich auch sonst wie ein kriegslüsterner Barbarenhäuptling. Er sah wirklich zum Fürchten aus. Plötzlich kletterte ein kleiner Mann im karierten Anzug über das Netz und näherte sich dem Riesen mit übertriebener Vorsicht. In der Hand schwenkte er einen großen Papptrichter, dem Volk auch als Flüstertüte bekannt. Zappelnd und hüpfend verlangte er nach Ruhe, zunächst vergeblich, dann aber mit wachsendem Erfolg. Allmählich verebbte der Lärm, das Männchen hob seine Flüstertüte an den Mund und verkündete Folgendes:

„Sehr verehrte Damen und Herren, geschätztes Publikum, liebe Gäste von fern und nah! Ich bin glücklich, sie hier und heute zu einer in ganz Europa einmaligen Veranstaltung begrüßen zu dürfen. Max, das Mammut, wird ihnen gleich Beweise seiner unbändigen Kraft bieten. Anschließend dürfen sich Freiwillige melden, die den Mut haben, Max zu einem Boxkampf herauszufordern. Falls es dem Ärmsten gelingen sollte, nach drei Minuten den Ring lebend zu verlassen, darf er sich über eine fürstliche Belohnung von 1000 Gulden freuen. Allerdings benötigte der letzte Mutige das gesamte Geld, um die Krankenhauskosten zu begleichen. Aber keine Angst. Unter euch gibt es bestimmt Helden, die den Tod nicht scheuen oder der Meinung sind,

dass drei Minuten nichts sind gegen die Aussicht, einige Wochen wie ein Fürst leben zu können. Überwindet eure Furcht, nehmt einen ordentlichen Schluck Genever aus der Flasche und vertraut auf Gott."

Während das Männchen zurück über die Umrandung krabbelte und in der Menge untertauchte, ergriff Max eine lange Eisenstange, wirbelte sie wie einen Spazierstock um sein Handgelenk und bat vier Freiwillige, möglichst junge Damen, in den Ring. Diese fanden sich recht bald, kletterten kichernd und prustend über das Netz und stellten sich neben Max, zwei an seine linke und zwei an seine rechte Seite. Überlegen lächelnd hob er die Eisenstange in Schulterhöhe und forderte die vier Damen auf, sich an die Stange zu hängen, auf jeder Seite zwei. Kaum war dies geschehen, stemmte Max die vierfache Last in die Höhe, als wären es Hühner auf einem Haselnusszweig. Damit noch nicht genug, ließ er die gesamte Ladung langsam auf seine Schultern gleiten, streckte die Arme beiseite und sah nun aus wie ein Wasserträger, der anstelle der Eimer kreischende Mädchen schleppte. Das Publikum geriet völlig aus dem Häuschen, trampelte Beifall und forderte Zugaben. Doch Max wollte jetzt seinen Kampf, und er wiederholte lautstark das Angebot des Männchens im karierten Anzug. „1000 Gulden", brüllte er in die Menge", ein Vermögen für nur drei Minuten Arbeit. Na los, ihr Feiglinge, ihr Schlappschwänze, gibt es keine echten Männer mehr unter euch? Will keiner reich werden? Will keiner die paar läppischen Schmerzen aushalten?" Reich werden wollten natürlich alle, aber das Risiko schien doch beträchtlich. Was nützte einem das viele Geld ohne Zähne im Mund? Wer wollte schon den

Rest seines Lebens auf Krücken humpeln? Also meldete sich niemand. Erstmal nicht. Gerade als Max zu einer gepfefferten Schmährede ansetzen wollte, ertönte eine helle Stimme: "Hier! Ich!" „Aha, wer ist der Lebensmüde? Ich kann dich nicht sehen, du Held. Zeig dich! Wo steckst du?" „Na hier, du Aufschneider, du Großmaul, du Goliathverschnitt. Eigentlich kannst du mir die 1000 Gulden gleich geben, du hirnloser Muskelprotz." Plötzlich teilte sich die Menge, so dass eine schmale Gasse zum Ring hin entstand. Erhobenen Hauptes schlenderte ein kleines Pferdchen hindurch, sprang mit einem Satz auf das Podest und schwang sich lässig über das Netz. Max fielen fast die Augen aus dem Kopf. Er wusste zunächst nicht, ob er sich wegen der Schmähungen beleidigt fühlen sollte, ob er sich veralbert vorkam oder eine Regung von Mitleid empfand. Doch dann begann er dröhnend zu lachen, mit weit aufgerissenem Mund, wobei er sich klatschend auf die säulenartigen Schenkel schlug. „Wer bist du denn, du Zwerg? Geh nach Hause und komm wieder, wenn du erwachsen geworden bist." „Ich bin Bruno von den Shetlandinseln, und dir wird gleich das Lachen vergehen, weil ich dir das Maul stopfen werde!" „Na gut", seufzte Max mit bekümmerter Miene, "wenn du unbedingt sterben willst. Ich wasche meine Fäuste in Unschuld." Mit diesen Worten reichte er Bruno ein Paar Boxhandschuhe, die dieser sich über die Vorderhufe zog, und streifte sich selbst ein Paar gewaltige Fäustlinge über die Pranken. Im Zelt wurde es plötzlich mucksmäuschenstill, der Menge stockte eine Weile der Atem, doch dann erhob sich ein ohren-betäubender Lärm, ein Inferno aus Pfiffen, Klatschen und Fußgetrampel. „Bruno soll leben, hoch Bruno, unser Held.

Zeig' es diesem Angeber, mach ihn fertig, gib ihm Saures!",
brüllte die blutrünstige Meute. Dann begann die Schlacht.
Max ging gemächlich auf Bruno zu, baute sich breitbeinig

vor ihm auf und holte zu einem vernichtenden Rundschlag
aus. Doch der ging ins Leere, weil das kleine Pferdchen
blitzschnell zwischen Max' Beinen hindurchhuschte und ihm
kräftig in den Hintern trat. Wütend drehte Max sich um die
eigene Achse und bückte sich, um die getroffene Region
schmerzstillend zu massieren. Da traf ihn ein gewaltiger
rechter Aufwärtshaken, der sich anfühlte, als hätte ein
Hufeisen sein Kinn zerschmettert. Zunächst starrte er
ungläubig ins Leere, dann schwankte er ein wenig vor und

zurück, um letztendlich wie ein gefällter Baum der Länge nach auf den Ringboden zu krachen. Nun gab es kein Halten mehr, das Publikum tobte, Bruno wurde auf zahlreichen Schultern durch die Menge getragen und ein anwesender Musiker schuf aus dem Stegreif eine Hymne, die sofort von den begeisterten Fans lauthals angestimmt wurde.

Bruno, du bist unser Held,
stärkstes Pony auf der Welt!
Max hast du k.o. geschlagen,
wir werden dich auf Händen tragen.

Wenig später saßen unsere Helden wieder in der Kaffeestube, in ihrer Mitte der Superheld. Der hatte seine Siegprämie brüderlich-schwesterlich geteilt und seiner Freundesschar damit die drückenden Sorgen verscheucht. Jetzt konnten sie sich neben Kaffee und Pfannkuchen richtige, dick belegte Käsebrote leisten und dazu ein Gläschen echten Genever. Die gute Stimmung wurde lediglich durch Brunos Ankündigung getrübt, in Amsterdam bleiben zu wollen. Der kleine Mann aus dem Zirkus, der mit dem karierten Anzug, hätte ihm ein verlockendes Angebot gemacht. Er sollte die Rolle von Max übernehmen und fortan als Preisboxer Ruhm, Ehre und Vermögen sammeln. Wer kann da widerstehen? Am nächsten Morgen, nach einem üppigen Frühstück, setzten 8 kleine Ponys ihre Reise fort, neuen Abenteuern entgegen.

PARIS

„Bonjour Paris, du wunderbare Stadt, Paradies der Künstler, Heimat der Bohemiens, wo die Liebe zu Hause ist." Aida geriet ins Schwärmen, und auch die anderen waren überwältigt von der Pracht und den Reizen der französischen Hauptstadt. Dazu zählte nicht nur das neue Weltwunder, das höchste Gebäude der Welt, welches den Namen seines Erbauers Jean Eiffel trug. Zahlreiche historische Gebäude aus vergangenen Jahrhunderten erinnerten an die einstige Größe und Bedeutung von Paris als Mittelpunkt Europas. Notre Dame zum Beispiel, die gewaltige Kathedrale auf der Seine-Insel Ile-de-Cité. Oder der Louvre, das alte Königsschloss. Namen berühmter Gestalten aus Geschichte und Wissenschaft fanden sich wieder auf Straßenschildern , Denkmälern , Triumphbögen und Museen. Die heilige Johanna von Orleans, König Ludwig der 14., Kaiser Napoleon Bonaparte, die Dichter Balzac und Victor Hugo, um nur einige zu nennen, sie alle haben deutliche Spuren hinterlassen. Unsere kleinen Freunde jedoch waren müde von der langen Reise und sehnten sich vorerst nach Entspannung und einer guten Mahlzeit. Geld genug hatten sie aus Amsterdam mitgebracht. Das hatten sie dem starken Bruno zu verdanken, den sie ja leider zurücklassen mussten. In der Nähe der weißen Kirche Sacré Coeur, was in unserer Sprache so viel wie „Heiliges Herz" bedeutet, entdeckten sie einen malerischen Platz mit kleinen, romantischen Cafés, den Place du Tertre. Schnell fand sich ein freier Tisch vor dem „La Bohéme du Tertre", und kurz darauf konnten sich unsere erschöpften Helden bei Weißbrot, Käse und einem Gläschen Rotwein erquicken.

„Der Typ dort am Nebentisch scheint Interesse an dir zu haben", flüsterte Homer der neben ihm sitzenden Aida ins Ohr, „jedenfalls beobachtet er dich schon eine ganze Weile." Aida hob selbstbewusst den Kopf und erwiderte mit vorgeschobenem Kinn den Blick des fremden Mannes. Dieser erhob sich lächelnd, trat auf Aida zu und deutete eine knappe Verbeugung an. „Verzeihung Mademoiselle, bitte halten Sie mich nicht für neugierig. Mein Name ist Marc, Franz Marc. Ich komme aus Deutschland und male gern Motive aus der Tierwelt, insbesondere Pferde. Sie, Mademoiselle, haben ein besonders reizendes Profil und würden für mich ein wunderbares Modell darstellen. Darf ich Sie malen?" Aida verschlug es zunächst die Sprache, und eine leichte Röte überflog ihre Wangen. Bevor sie sich zu einer Antwort durchringen konnte, mischte sich Titus ein. „Normalerweise wird ein Modell, insbesondere so ein attraktives wie unsere Aida, fürstlich bezahlt. Denken Sie an die Saskia von Rembrandt oder die schöne Helene Fourment von Rubens, der unsere Freundin doch ziemlich ähnlich sieht. Finden Sie nicht?" „Doch, auf jeden Fall. Ganz meiner Meinung. Leider stehe ich erst am Anfang meiner Laufbahn und habe praktisch noch nichts verdient. Aber ein Portrait der schönen Aida wird die Kunstwelt begeistern und sicher von vielen Museen begehrt sein. Möglicherweise hängt sie bald im Louvre, dem berühmtesten Kunsttempel der Welt. Napoleon zu Pferde ist dort zu sehen, wie er gerade die Alpen überquert. Auch andere Museen zeigen wundervolle Pferdebilder. Zum Beispiel die Alte Pinakotkek in München. Dort kann man den „Raub der Töchter des Leukippos" von Rubens mit den zwei prächtigen Rossen bestaunen. Sag ja, schöne Aida, und ich spendiere für alle einen Cidre." Da konnte unsere kleine Freundin nicht mehr widerstehen, zierte sich noch ein wenig und erklärte sich einverstanden. „Ausziehen werde ich mich aber nicht. Ich behalte meine Kleidung an, sonst gibt es womöglich einen Skandal." Franz Marc konnte sich ein kleines Lächeln nicht verkneifen: „Keine Sorge, bei mir geht alles gesittet zu. Übrigens teile ich mir ein Atelier mit Auguste Renoir, der sitzt dort hinten unter der Platane und genießt seinen Café au Lait. Er ist mein großes Vorbild als Künstler und außerdem ein sehr gutherziger Mensch, wie alle die echten Genies hier. So auch Claude Monet oder Paul Cézanne oder der leider bereits verstorbene Henri de Toulouse-Lautrec. Allerdings finden sich auch schwierige Charaktere. Seht ihr den bärtigen Mann zwei Tische weiter rechts von mir, wie er heftig auf die junge Frau einredet, die etwas eingeschüchtert zu ihm aufblickt? Das ist Auguste Rodin, der zur Zeit berühmteste Bildhauer der Welt. Momentan arbeitet er an einer Statue, die er „Der Denker" nennt. Die Frau ist seine Freundin und heißt Camille Claudel. Sie ist ebenfalls eine begnadete Bildhauerin, möglicherweise übertrifft sie sogar den Meister. Er weiß das genau und empfindet Eifersucht, was häufig zu Streitereien zwischen den beiden führt. Manchmal gibt er ihre Werke als seine aus, kein netter Zug von ihm. Frauen haben es schwer und müssen immer um ihre Anerkennung kämpfen. Die arme Camille tut mir wirklich leid. Aber nun wieder zu uns. Mein Atelier befindet sich in der Rue du Mont-Cenis Nr.3 im 3. Stock. Komm doch bitte morgen früh um 10 Uhr zu mir, dann können wir anfangen." Franz Marc verabschiedete sich mit einer knappen Verbeugung und verschwand fröhlich pfeifend.

Pünktlich um 10 Uhr morgens stand Aida ein wenig aufgeregt vor dem Eingang Nr. 3 in der Rue du Mont-Cenis. Eine Klingel gab es nicht, aber aus einem Fenster im 3. Stock hing eine Schnur herab mit einem kleinen Messingschild: Bitte kräftig ziehen. Das tat Aida auch, aber wohl ein wenig zu kräftig. Rasselnd und scheppernd fiel von oben eine Art Kuhglocke herunter, die wohl nicht ausreichend befestigt wurde. Beinahe hätte sie unsere niedliche Freundin am Kopf getroffen, doch Aida konnte geistesgegenwärtig zur Seite springen. Oben erschien ein erstauntes Gesicht am Fenster, das sogleich ein erfreutes Strahlen zeigte. „Komm herein, die Tür ist offen." Franz Marc lachte fröhlich und eilte seinem zukünftigen Modell auf der Treppe entgegen. „Und das hier ist mein Atelier", erklärte er stolz und zeigte weit ausholend in die Runde. Eigentlich handelte es sich eher um einen geräumigen Dachboden mit schrägen Wänden. Das Dach selbst bestand fast ausschließlich aus riesigen Glasflächen, ähnlich einem Gewächshaus, und sorgte somit für ausreichend Helligkeit. Von Ordnung keine Spur. Aida hatte eher den Eindruck von heillosem Durcheinander. Überall standen wackelige Tische aller möglichen Stilrichtungen herum, lückenlos gefüllt mit Farbtöpfen, fleckigen Lappen, Pinseln aller Größen und halbleeren Weinflaschen. Mitten in diesem Chaos eine Staffelei, vor der ein älterer Herr mit weißem Vollbart und einer runden Schildmütze saß. „Meinen verehrten Freund und Lehrer Auguste Renoir habe ich euch bereits vorgestellt", erklärte Franz mit fast ehrfürchtiger Stimme, und, an den berühmten Maler gewandt, „dies ist mein neues Modell, Aida, das schönste Pony der Welt." Renoir lächelte freundlich und nickte den beiden aufmunternd zu. „Ich wünsche euch viel Freude bei der Arbeit. Bestimmt wird ein wundervolles Bild entstehen." Dann wandte er sich wieder seinem Gemälde zu, welches zwei junge Frauen am Klavier zeigte, die eine im weißen Kleid, die andere im roten. Beide mit ähnlichen Frisuren und der Ähnlichkeit nach zu urteilen offenbar Schwestern.

„Möchtest du liegend oder sitzend porträtiert werden? Du kannst wählen zwischen einem Stuhl und diesem Sofa dort, einer Récamiere. Darauf hat vor hundert Jahren die schöne Madame Récamier gelegen und sich von dem Maler Jacques-Louis David verewigen lassen. Von David stammt übrigens auch das Bild *Napoleon Bonaparte beim Überqueren der Alpen*, was ich gestern erwähnt hatte." Aida musste nicht lange überlegen:" Dann möchte ich ebenfalls liegen. Eine schöne Frau kommt so besser zur Geltung." Franz Marc lächelte still vor sich hin, stellte seine Staffelei auf und befestigte darauf eine gerahmte Leinwand von 88 x 70 cm. Während er sich einen dreibeinigen Hocker und eine Art Serviertisch voller Farbtuben und diversen Pinseln heranzog, ließ Aida sich vorsichtig auf die Récamiere gleiten, streckte die Beine aus und stützte ihr Kinn mit dem rechten Vorderhuf. „Ist es so recht?", fragte sie mit kokettem Augenaufschlag. „Wunderbar, ich bin begeistert, dann kann es ja losgehen", sagte Franz Marc, tauchte einen Pinsel in einen Topf mit blauer Farbe und begann zu malen.

Einige Wochen später herrschte auf dem Place du Tertre große Aufregung. Buntes Treiben herrschte hier immer, aber diesmal schien es etwas ganz Besonderes zu geben. Eine riesige Menschenmasse drängte zur Mitte des Platzes und bildete dort einen Kreis. Jeder, der einen Blick auf das merkwürdige Geschehen werfen konnte, traute seinen Augen nicht, und so mancher putzte zum wiederholten Male seine Brille. Sieben kleine Pferdchen, bekleidet mit Baskenmütze und weißen Malerkitteln, standen um eine Art Sofa herum, auf dem sich ein achtes kleines Pferdchen in lässiger Haltung räkelte. Dieses offenbar weibliche Geschöpf trug einen breitkrempigen Hut, wie ihn die Musketiere des 17. Jahrhunderts benutzten. Doch im Gegensatz zu der damaligen Mode schmückten bunte Straußenfedern und schimmernde Perlenketten diese prachtvolle Kopfbedeckung. Mit dem rechten Huf führte Aida, denn um diese handelte es sich hier, ein kostbares Kristallglas an die Lippen und schlürfte genüsslich echten Champagner aus der Gegend um Chateau-Thierry. Neben ihr stand ein junger, unbekannter Maler, der lächelnd auf ein Gemälde zeigte, welches Aida in genau der Bekleidung und Pose zeigte, welche sie gerade demonstrierte. In dem Moment, als Aida das Glas erhob, um der Menge zuzuprosten, brach ein Sturm der Begeisterung los. Die Menschen jubelten laut und klatschten vor Entzücken in die Hände. Etwas Derartiges hatten sie noch nicht erlebt. Jeder wollte Aida um ein Autogramm bitten und ihr die Hufe schütteln. Franz Marc wurde von einigen Bewunderern auf die Schultern gehoben und im Triumphzug rund um den Place du Tertre getragen.

All das erweckte in Aida den Wunsch, sich von nun an der Kunst zu widmen, speziell der Malkunst. „Schließlich,“ so überlegte sie, „konnte Camille Claudel ihrem Partner Rodin durchaus das Wasser reichen. Ich bin zwar nicht die Geliebte von Franz Marc, aber als Modell kann ich offenbar beachtlichen Erfolg feiern. Warum nicht auch auf der anderen Seite der Staffelei?“ So blieb sie denn in Paris, mietete ein Atelier auf dem Montmartre und begann zu malen. Ihre etwas traurigen Gefährten zogen von dannen, nicht ohne ihr noch viel Erfolg auf dem Wege zum Ruhm zu wünschen.

Am Seineufer bestiegen sie einen Flussdampfer, der sie bis Le Havre brachte, einer großen Hafenstadt an der Mündung der Seine. „Nun seht mal, wer dort an der Pier liegt!“ Julian fiel beinahe die Pfeife aus dem Mund. „Unsere gute *Albatros*! Kapitän Fockschot hat uns schon gesichtet und winkt eifrig. Lasst uns zu ihm gehen.“ Der Kapitän freute sich mächtig über das unerwartete Wiedersehen und schrie über die Reling: "Wohin soll es denn diesmal gehen? Mein nächstes Ziel jedenfalls ist die Hansestadt Hamburg. Wie sieht's aus? Wollt ihr mitkommen?" Unsere Freunde mussten nicht lange überlegen. Fröhlich stürmten sie an Bord und besetzten ihre angestammten Positionen. Wenig später pflügte das Schiff durch die Wogen des Ärmelkanals, passierte die Straße von Dover und gelangte mit günstigem Westwind in die Nordsee. An Backbord sichteten sie eines Morgens die Insel Helgoland und an Steuerbord die Mündung der Elbe. Geschoben von der einsetzenden Flut glitt die *Albatros* mit 10 Knoten Geschwindigkeit an Cuxhaven vorbei und erreichte nach ungefähr vier Stunden das Fischerdorf Blankenese, wo ein Lotse an Bord ging. Der Lotse geleitete das Schiff bis zu seiner Anlegestelle an den Landungsbrücken von St. Pauli.

HAMBURG

So viele Schiffe auf einem Haufen hatten unsere kleinen Abenteurer noch nie gesehen. Windjammer waren in der Überzahl und ihre Masten bildeten einen unübersehbaren Wald. Es gab aber auch schon mehrere Dampfer mit gewaltigen Schloten. Dazwischen ein riesiges Monstrum, halb Dampfer halb Segelschiff, mit 50 Meter hohen Masten und gewaltigen Schaufelrädern auf beiden Seiten. „Die gute alte Zeit für Seeleute wird bald vorbei sein," erklärte ein alter Fahrensmann den staunenden Ponys, „früher dauerte es viele Tage, bevor ein Schiff entladen und wieder beladen wurde. Auf diese Weise konnten wir Seeleute alle großen Hafenstädte rund um die Welt gründlich kennenlernen. Fünf Tage lagen wir in Montevideo, vier in Rio de Janeiro. In Shanghai brauchten die Schauerleute sogar 8 Tage, bis die Ladung gelöscht und neue Ware verstaut war. Da wurde jeder Sack Tee noch einzeln über eine Planke an Deck geschleppt. Heute gibt es elektrische Kräne und Dampfwinden, die tonnenweise und in kürzester Zeit Kisten, Säcke und ganze Maschinenteile im Schiffsbauch verschwinden lassen. Vielleicht wird man in ferner Zukunft alles in riesige Kisten packen und diese an Oberdeck stapeln. Dann geht alles noch schneller und die Matrosen haben kaum Zeit, ihren Grog auszutrinken, dann müssen sie schon wieder an Bord eilen. Ich werde mir eine Barkasse kaufen von meiner Heuer und Hafenrundfahrten für reiche Touristen anbieten. Schluss mit Seefahrtsromantik, ich bleibe jetzt hier." Damit spuckte er seinen Priem in die Elbe und stapfte davon.

„Könnt ihr mir helfen?", kam eine tiefe Stimme aus einer der großen Holzkisten, die sich auf der Pier stapelten, „ich kann mich kaum noch bewegen und habe seit Tagen nichts zu essen bekommen. Wo bin ich hier überhaupt?" Daisy näherte sich der Kiste und prallte entsetzt zurück. Hinter eisernen Gitterstäben lag auf einem Haufen Stroh ein echter Löwe, allerdings in einem traurigen Zustand. Die Mähne total verfilzt, das Fell schmutzig und die Augen ohne Glanz. „Keine Angst, kleines Fräulein, ich bin harmlos. Ich habe mir angewöhnt, nur noch Gemüse und Obst zu essen. Das ist gut für die Gesundheit und rettet unschuldigen Tieren das Leben. Meine Mutter hat mir früher aus der Bibel vorgelesen. Da steht drin, dass im Paradies alle Tiere liebevoll miteinander umgingen und sich nichts zuleide taten. Warum sich das geändert hat, weiß ich nicht. Schuld hat sicher der Mensch, der heutzutage Schlachthöfe betreibt und den armen Tieren massenhaft das Leben nimmt. Davon hat mir meine Mutter auch vorgelesen, damals in Afrika. Dort hat mich ein Großwildjäger ange-schossen und an einen Tierhändler verkauft. Zusammen mit vielen anderen Leidensgenossen wurde ich eingesperrt und auf ein Schiff gebracht. Sie sind alle dort in diesen Kisten. Leoparden, Strauße, Giraffen, Schimpansen, Hyänen und sogar ein Elefant. Den mussten sie mit schweren Ketten fesseln, sonst hätte er das Schiff zertrümmert. Er heißt Manfred und ist jetzt mein Freund." „Du bist in Europa gelandet," erklärte Julian dem bedauernswerten Löwen, „genauer gesagt in Hamburg, der größten Hafenstadt von Deutschland." "Liebe Güte," sagte der Löwe seufzend, „was für ein Unglück. In Afrika hatte ich einen Seemann kennen-gelernt, der kam aus Hamburg. Alle nannten ihn Kuddl, warum weiß ich nicht. Dauernd beklagte er sich über das schlechte Wetter in seiner Heimat. Es würde immerzu regnen und stürmen, und die Elbe überflutet manchmal die Stadt. Lieber bliebe er in Afrika, heiratet die Tochter des örtlichen Schamanen und bekommt viele kleine braune Kinder mit ihr. Ich wäre auch lieber in der Serengeti bei meiner Nala geblieben, doch dieser gemeine Großwildjäger hat mein Leben zerstört." „Sei nicht traurig," versuchte Daisy zu trösten, „wir Shettys kommen aus einer Gegend,

wo es wirklich ständig stürmt und regnet. Dagegen ist Hamburg das reinste Paradies. Heute ist ein schöner warmer Tag, die Sonne scheint und am Himmel ist keine Wolke zu sehen." „Danke für deine lieben Worte, kleines Pferdchen. Du wärmst mein Herz und beruhigst mein

Gemüt. Könntest du versuchen, diese verdammte Kiste zu öffnen? Meine Beine sind ganz steif geworden und ich würde mich gern mal wieder bewegen." Da kam Homer zu Hilfe, der ja bekanntlich ein hervorragender Fußballspieler war. Er drehte dem Holzkäfig seinen Rücken zu, stellte sich auf die Vorderbeine und verpasste einer der Eisenstangen einen kräftigen Tritt, so dass diese aus ihrer Halterung brach. Die entstandene Lücke war breit genug, dass Simba – so hieß der Löwe – sich hindurchzwängen und ins Freie gelangen konnte. „Ah, das tut gut, vielen Dank, meine Freunde. Ihr habt mich aus einer wahren Hölle befreit. Jetzt sollten wir den anderen Gefangenen helfen." Gesagt – getan. Käfig für Käfig wurde geöffnet, Kiste für Kiste zertrümmert. Bald ähnelten die Hamburger Landungsbrücken, was die Vielzahl exotischer Tiere betraf, einer Landschaft im Herzen Afrikas. „Die Menschen werden uns nicht lange in Ruhe lassen," vermutete Manfred, der sich aus eigener Kraft von seinen Ketten befreit hatte, „sie werden versuchen, uns wieder einzufangen und erneut in Käfige zu sperren. Dagegen müssen wir protestieren. Lasst uns ein paar Transparente und Schilder anfertigen, auf die wir unsere Forderungen schreiben. Dann marschieren wir in einem langen Zug durch die Stadt." So geschah es dann auch. Manfred stellte sich an die Spitze des Demonstrationszuges. An seinen Stoßzähnen hing ein zwei Meter breites Holzbrett, auf dem in Riesenlettern zu lesen war:

Wir wollen Gleichberechtigung.
Schluss mit der Tierquälerei!

Zwei Giraffen spannten ein breites Transparent zwischen ihre Hälse mit der Forderung:

Andere schwenkten kleine Fähnchen oder bunte Bänder mit ähnlichen Sprüchen oder Ermahnungen. Unsere Ponys beschlossen, der Karawane zu folgen und hofften auf einen friedfertigen und erfolgreichen Verlauf des gewagten Unternehmens. Der Marsch führte die Helgoländer Allee hinauf in Richtung Millerntor. Rechterhand, auf einem Hügel, sollte demnächst ein Denkmal des Reichskanzlers Bismarck stehen. Der Schöpfer des vereinten Deutschlands war vor zwei Jahren gestorben. Hamburg, und vor allem die Kaufleute, kamen durch ihn zu großem Wohlstand und wollten nun ihre Dankbarkeit zeigen. Jetzt erreichte die Karawane die Reeperbahn, eine langgezogene Straße im Stadtteil St. Pauli. Hier arbeiteten die so genannten Reepschläger, die eine lange Bahn für die Herstellung von Schiffstauen benötigten. Links und rechts am Straßenrand sammelten sich Zuschauer, die voller Neugierde den seltsamen Demonstrationszug bestaunten. Einige klatschten in die Hände und riefen BRAVO, andere schüttelten missbilligend die Köpfe. Jetzt tauchten auch mehrere Polizisten auf, die dafür sorgten, dass die Protestierenden ungehindert ihr Ziel erreichen konnten. Doch wo lag dieses Ziel, wo überhaupt wollten sie hin? Daisy hörte, wie der Anführer der Polizei von einem Mann namens Carl Hagenbeck sprach. Angeblich leitete dieser gute Mensch einen weitläufigen Tierpark auf dem Gelände des Neuen Pferdemarktes. „Dorthin sollten wir gehen," schlug Daisy ihrem Freund Simba vor und auch Manfred war bereit, seine Leute zu diesem Ziel zu bringen.

Der hintere Bereich des Neuen Pferdemarktes bei der Augustenpassage glich einer riesigen Zoohandlung. Überall Käfige voller traurig blickender Tiere: Bären, Kamele, Wildesel, Antilopen, Zebras, Hyänen, Paviane und ein Orang-Utan. Langsam löste sich der Demonstrationszug auf, weil die Teilnehmer sich auf dem Platz verteilten und alte Bekannte und sogar Verwandte begrüßten, die man ihren Familien entrissen und hierher verschleppt hatte. Manche Träne floss der Pavianmutter übers Gesicht, als sie ihren verlorenen Sohn wieder in die Arme schließen konnte. Ähnlich ergreifende Szenen konnte man an verschiedensten Stellen des Platzes beobachten. Manfred wurde richtig wütend, als er diesen sogenannten Tierpark überschaute, und hätte am liebsten mit der Zerschlagung sämtlicher Käfige begonnen. Doch Daisy beruhigte ihn und zeigte auf einen Mann mit Backenbart und einem weißen Hut auf dem Kopf. Der fütterte soeben einen Seehund, der in einem Holzzuber saß und lustlos Fischreste kaute. „Das ist wahrscheinlich der Betreiber dieses Spektakels hier, lass uns mit ihm reden." Der Mann stellte sich als Carl Hagenbeck vor, Geschäftsführer und Inhaber dieser Zoohandlung, die er Hagenbeck's Thierpark nannte. „Wir müssen miteinander reden, Herr Hagenbeck, so kann es nicht weitergehen. Sehen Sie nicht, wie unglücklich die Ihnen anvertrauten Tiere sind?" Daisy gab sich Mühe, bei diesen Worten Ruhe zu bewahren. Carl Hagenbeck war ein einsichtiger Mensch mit einem guten Herzen und hörte sich Daisys Vorwürfe geduldig an. „Du hast völlig recht," gab er Daisy zur Antwort, „schon lange mache ich mir Gedanken darüber, wie ich meinen Schützlingen ein besseres Dasein bieten kann. Jetzt habe ich einen großartigen Plan für einen wirklichen Tiergarten. Schau her, ich habe alles aufgezeichnet." Carl Hagenbeck entrollte eine Art Landkarte, auf der die Umrisse des neuen Tierparks zu sehen waren. Über das Gelände verstreut konnte man einzelne Gehege erkennen, die von Wassergräben umgeben waren. Gitter und Zäune fehlten völlig. „Dort können zum Beispiel Löwen und Tiger frei herumlaufen, ohne die Zuschauer zu gefährden," erklärte Hagenbeck stolz, „an dieser Stelle hier werde ich künstliche Felsen errichten lassen, auf denen Affen, Steinböcke und Bergziegen herumtoben können. Sie werden sich wie zu Hause fühlen. Hier lasse ich einen See aufstauen für exotische Wasservögel wie Flamingos, Pelikane oder Marabus. Mittendrin eine Insel mit einem Pavillon in japanischer oder chinesischer Bauart, eine Pagode. Über eine hübsch verzierte Holzbrücke wird man dort hingelangen und seinen Tee oder Kaffee genießen können." Hagenbeck geriet geradezu ins Schwärmen und war kaum zu bremsen bei der Entfaltung weiterer Ideen für sein staunenswertes Vorhaben. „Leider hat die Sache einen Haken. Ich weiß nicht, wo ich das viele Geld hernehmen soll. So ein Projekt verschlingt hunderttausende Goldmark, die habe ich leider nicht." „Lieber Herr Hagenbeck, wir finden ihren Plan großartig und möchten sie nach Kräften unterstützen, damit er Wirklichkeit wird," versprach Daisy, und Manfred und Simba nickten zustimmend, „sie brauchen jetzt einen Kredit von der Stadt Hamburg. Wir werden uns an den Bürgermeister wenden und ihm klarmachen, dass dieser Tierpark eine echte Sensation darstellen wird. Alle Welt wird davon sprechen und zahlreiche Besucher werden nach Hamburg strömen. Das belebt die Gasthäuser, die

Hotels und das Fuhrgewerbe. Außerdem werden alle Tiere, die an der Demonstration teilgenommen haben, auf der Straße Kunststückchen vorführen und dafür Geld einsammeln. Unter der Bedingung, dass sie alle eine Wohnung in dem neuen Tierpark bekommen." Das versprach Herr Hagenbeck feierlich, und er hat sein Versprechen später getreulich eingelöst.

Daisy und der kluge Julian begaben sich in das Rathaus zum Ersten Bürgermeister Mönckeberg, und es gelang ihnen, den führenden Politiker der Hansestadt für das Projekt Tierpark zu begeistern. Er stellte nicht nur ausreichende Geldmittel zur Verfügung, sondern auch ein passendes Gelände im Stadtteil Stellingen. Als einige bedeutende Handels- und Schifffahrtsfirmen von der Sache Wind bekamen, spendeten sie sofort bedeutende Summen für die neue Attraktion, die ihrer geliebten Stadt weiteren Glanz verleihen sollte. Zusammen mit dem Staatskredit, den Firmenspenden und der Straßensammlung der Tiere kam so viel Geld zusammen, dass Carl Hagenbeck bald mit der Verwirklichung seines Traumes beginnen konnte. Daisy blieb vorerst in Hamburg und wurde persönliche Vertraute des Bürgermeisters und des neuen Zoodirektors Carl Hagenbeck. Unermüdlich sorgte sie für Harmonie zwischen den beiden und somit für den Erfolg des späteren Weltwunders *Hagenbecks Tierpark.* Ein wenig traurig nahm sie Abschied von ihren Gefährten Dante, Homer, Hippie, Julian, Pamina und Titus. Diese zogen weiter nach Süden, dem Thüringer Wald und neuen Abenteuern entgegen.

WEIMAR

„Was für ein reizender Ort", rief entzückt die blonde Pamina, als sie vom Ettersberg herab auf das Städtchen Weimar blickten. „Da ist ja ein richtiges Schloss, und ich sehe viele romantische Häuser mit bunten Fensterläden. Hier können wir uns bestimmt eine Weile ausruhen von der langen Reise quer durch Deutschland. Anstrengend genug war es schließlich." „Diese Stadt hat nicht nur ein Schloss und hübsche Häuser", erklärte der gelehrte Julian, der natürlich schon viele Bücher über die Stadt Weimar und ihre Geschichte gelesen hatte, „sie ist das geistige Zentrum Deutschlands. Die berühmtesten Dichter und Denker haben hier gelebt und die Kultur enorm bereichert." „Sehr schön", brummte Homer, „aber noch sind wir nicht da. Der Weg ist noch lang und anstrengend genug. Auf jeden Fall werden wir uns ein schönes Quartier suchen. Das viele Geld aus Amsterdam soll uns die nächsten Tage versüßen. Wozu soll es sonst gut sein?" „Dann sollten wir uns zu dem Hotel ELEPHANT begeben. Viele berühmte Gäste haben dort gewohnt, also ist es genau das Richtige für uns." Homer fand diesen Ausspruch ein wenig übertrieben, stimmte aber Julians Vorschlag zu. Bald erreichten sie die Jakobsvorstadt und gelangten über den Goetheplatz in die Altstadt von Weimar. Das Hotel befand sich direkt am Markt. Es war kein sonderlich prunkvolles Gebäude, jedenfalls nicht von außen. Über dem Erdgeschoss zwei Stockwerke mit hohen, geräumigen Gästezimmern, und unter dem schräg nach vorn geneigtem Dach etwas schlichtere Kammern für Reisende mit schmaler Börse. Ein wenig eingequetscht wirkte es zwischen Häusern ähnlicher Bauart. Sein eigentlicher Reiz lag wohl mehr im Inneren. Unsere kleinen Freunde wurden zunächst misstrauisch beäugt vom Empfangschef. Sie hatten kaum Gepäck dabei und wirkten ziemlich erschöpft. Nur Pamina trippelte aufgeregt in der Eingangshalle hin und her und bedachte die zahlreichen, die Wände schmückenden Gemälde mit entzückten Ausrufen. Die Kunstwerke hingen vermutlich seit Ewigkeiten dort und zeigten berühmte Persönlichkeiten aus vielen Jahrhunderten. „Kann ich behilflich sein?", ließ sich der in schmucker Uniform steckende Portier vernehmen und wirkte dabei recht gelangweilt. „Wir wünschen Unterkunft und Verpflegung. Ein erfrischendes Bad wäre auch nicht schlecht, am besten vor dem Essen. Unsere Kleidung hat infolge der Reise stark gelitten. Bitte besorgen Sie etwas Passendes für uns, der hiesigen Mode ent-sprechend," verlangte Homer. Dem Portier fiel beinahe die Kinnlade herunter und nur mit Mühe konnte er einen Wutanfall unterdrücken. „Unverschämtheit," dachte er, „was fällt diesen Landstreichern eigentlich ein? Wofür halten die sich? Hier verkehren nur edle Gäste. Hohe Adlige, berühmte Künstler und Politiker, keine Vagabunden und Hungerleider." Mühsam bewahrte er seine Fassung und verkündete, dass alle Zimmer belegt seien und die verehrten Reisenden sich wohl oder übel nach einer anderen Unterkunft umsehen müssten. „Soeben hat eine aus zahlreichen Personen bestehende Reisegruppe das Haus verlassen. Mit allem Gepäck, das habe ich genau gesehen", meldete sich Dante „demnach müsste ein ganzes Stockwerk frei geworden sein." „Schon möglich, sogar sehr wahrscheinlich", winkte der Portier erhobenen Hauptes ab, „das war der Prinz Ernst Eberhardt von Hohenstein zu

Treuenfels mit seiner erlauchten Familie. Natürlich benötigen die edlen Herrschaften eine ganze Etage für sich, sie sind schließlich Luxus gewohnt. Reich genug sind sie erfreulicherweise, wovon unser Haus gern profitiert. Diese Etage ist ausschließlich hochgestellten Persönlichkeiten vorbehalten. Hier haben schon Könige gewohnt, mächtige Politiker und weltberühmte Künstler. So soll es auch in Zukunft weitergehen. Dafür werde ich sorgen." Seelenruhig griff Homer in seine Hosentasche und holte zwei Goldstücke hervor. Das eine war ein englischer Sovereign, das andere ein holländischer Gulden, beide sehr wertvoll. Homer warf sie lässig auf den Empfangstresen und griff noch einmal in die Hosentasche. Diesmal förderte er einen französischen Franc und legte ihn zu den beiden anderen. „Reicht das fürs Erste?" Erneut fiel dem Portier die Kinnlade herunter, diesmal vor Erstaunen. „Oh, ja, natürlich!", beeilte er sich zu beteuern, „das ist mehr als genug. Zumindest als Anzahlung. Sofort lasse ich die Fürstensuite für Sie herrichten und gebe dem Küchenchef Anweisung, die Speisetafel mit dem Besten zu füllen, was Küche und Keller zu bieten haben. Oder möchten Sie zuerst ein Bad nehmen? Bei uns wird jeder Wunsch erfüllt." Mit einer letzten tiefen Verbeugung verschwand der schwatzhafte Portier, um zwei der Goldmünzen andachtsvoll zum Geldschrank zu tragen. Die dritte verschwand unauffällig in seiner linken Hosentasche.

Nach einem erfrischenden und reinigenden Bad begaben sich unsere Freunde zu Tisch und fanden sich auf das köstlichste bewirtet. Selbst eisgekühlter Champagner der Marke Veuve Clicquot aus der Gegend von Reims fehlte nicht. Bedient wurden sie von einem Pagen, einem Jungen von ungefähr 16 Jahren. „Wie heißt du, und warum arbeitest du hier?", fragte Pamina ein wenig neugierig, „bist du nicht zu jung für so eine anstrengende Tätigkeit?" „Mein Name ist Vulpius, Christian Vulpius, und ich studiere noch. Ich arbeite in den Semesterferien, um ein wenig Geld zu verdienen." „Kennst du dich aus in Weimar?", wollte Julian wissen, „wir brauchen nämlich einen kundigen Führer. Ich zum Beispiel möchte mehr wissen über die zahlreichen Dichter und Denker, die hier gewirkt haben." „Meine Mutter ist Bibliothekarin an der Anna-Amalia-Bibliothek. Von ihr habe ich viel gelernt. Wenn ich etwas nicht weiß, kann ich sie immer fragen." „Dann schließe dich uns an, lieber Christian, „erzähle uns alles Wissenswerte über Weimar und seine Bewohner. Wir werden dich großzügig bezahlen, und du wirst mehr Freude mit uns haben als mit dem eingebildeten Portier. Wie findest du das?" „Herzlich gerne teile ich mein Wissen mit euch. Ich liebe Literatur und Geschichte und möchte Schriftsteller werden. Leider lebt mein Vater nicht mehr. Er wurde im Krieg gegen Frankreich 1871 schwer verwundet und hat sich nie wieder richtig erholt. Letztes Jahr ist er gestorben. Er wäre sicher stolz auf mich, wenn er wüsste, dass ich jetzt schon Reisende betreuen darf. Besonders solche netten wie euch." „Sehr schön, dann pack deine Sachen zusammen und gib dem Portier deine Kündigung. Sobald wir unsere Mahlzeit beendet haben, treffen wir uns am Ausgang. Sagen wir in einer Stunde."

Christian war pünktlich zur Stelle. Die Pferdchen wirkten satt und zufrieden. Sie waren ordentlich gekleidet, Daisy,

Hippie und Pamina trugen sogar hübsche Häubchen auf dem Kopf und sahen aus wie Mitglieder einer thüringischen Trachtengruppe. Christian schlug vor, zunächst seine Mutter an ihrem Arbeitsplatz zu besuchen. „Die Anna-Amalia-Bibliothek ist eine Sehenswürdigkeit ersten Ranges. Ihr werdet begeistert sein."

Christian hatte nicht zu viel versprochen. Die Bibliothek umfasste wundervoll gestaltete Räume im Rokoko-Stil mit bis unter die Decke reichenden Regalen. Diese Regale waren zudem lückenlos gefüllt mit Büchern aller Größe und Gestaltung. „Wir behüten und betreuen hier rund eine Million Bücher, erklärte die freundliche Frau unseren kleinen Freunden, denen vor Staunen der Mund offenstand. „Es gibt keinen bedeutenden Autor der Weltgeschichte, von dessen Werk wir nicht mindestens über eine Abschrift verfügen." Die freundliche Frau gab sich als Christians Mutter zu erkennen und freute sich offensichtlich über ihre ungewöhnlichen Gäste. „Ihr findet hier alt-griechische Klassiker wie Platon, Euripides oder Aristoteles, altrömische Autoren wie Cicero oder Seneca, mittelalterliche Ritter-romane und Literatur der Renaissance und des Barock. Besonders stolz sind wir jedoch auf die gesammelten Werke unserer Klassiker, die Weimar zum kulturellen Mittelpunkt Deutschlands erhoben haben." „Sie meinen bestimmt die beiden Dichterfürsten Goethe und Schiller," meldete sich Dante und stellte damit wieder einmal seine Bildung unter Beweis, „sie waren dick befreundet und haben sich gegenseitig angespornt. Gibt es nicht sogar ein Denkmal von den beiden?" „Ja, das werdet ihr sicher noch anschauen. Es steht direkt vor dem Theater." Dante wollte noch mehr wissen: „Liebe Frau Vulpius, wer war Anna-Amalia und warum trägt die Bibliothek ihren Namen?" „Sie war die Witwe des Herzogs Ernst August II. von Sachsen-Weimar, und Mutter des späteren Herzogs Carl August. Sie hat sich sehr für die Bibliothek eingesetzt und ein ganzes Schloss umbauen lassen, um die wertvollen Schriften angemessen unterbringen zu können. Eine kultivierte Frau, welche die großen Geister ihrer Zeit zum Gedanken-austausch in ihr Palais einlud. So auch den jungen Wolfgang Goethe, den sie als Erzieher ihres Sohnes gewinnen konnte. Schaut euch gern alles an, lasst euch Zeit. Aber bitte nicht rauchen, die Brandgefahr ist sehr groß. Es wäre schade um die kostbaren Bücher. Denkt an die Bibliothek von Alexandria, die angeblich im Jahre 48 vor Christus in Flammen aufging. Schuld sollen die Römer unter Cäsar gewesen sein, obwohl es damals noch keinen Tabak gab. Viel Vergnügen, mein Sohn wird euch begleiten." Damit kehrte die nette Frau Vulpius wieder an ihren Arbeitsplatz zurück. „Dann lasst uns jetzt zum Theaterplatz gehen", schlug Christian vor, „da könnt ihr die beiden berühmten Freunde sehen, allerdings aus Bronze und auf einem hohen Granitsockel."

Die Pferdchen waren sehr beeindruckt von dem Denkmal. Nicht allein, was die kunstvolle Ausführung betraf, sondern auch die sichtbare Darstellung einer innigen Freundschaft. „Da fühle ich mich direkt an uns erinnert", meinte Homer nachdenklich, „auch uns verbindet echte Freundschaft und wir sind füreinander da." „Wer ist denn nun Schiller, und welcher von den beiden ist Goethe?", wollte Pamina wissen. „Friedrich Schiller ist der etwas Größere, Schlanke mit der

Schriftrolle in der Hand. Wolfgang Goethe ist etwas kleiner, rundlicher." „Was weißt du noch über die Beiden, kannst du ein bisschen mehr erzählen?" Dante, der selbst Gedichte schrieb und in der Schule Literatur als Hauptfach gewählt hatte, wollte seine Kenntnisse unbedingt vertiefen. „Nichts lieber als das," freute sich Christian, „ich teile mein Wissen gerne mit euch. Schließlich war meine Urgroßtante mit Goethe verheiratet. Sie hieß Christiane Vulpius und war eine richtige Schönheit. Kein Wunder, dass Goethe sich sofort in sie verliebte. Der kleine Wolfgang kam 1749 in Frankfurt am Main zur Welt und wuchs behütet und sorgenfrei auf. So ging es nicht allen Menschen damals. Viele waren arm und arbeiteten hart für einen geringen Lohn. Einmal bekam er zum Geburtstag ein Puppentheater geschenkt, da erwachte in ihm die Leidenschaft für die Bühne und das Schauspiel und sollte ihn nie wieder loslassen. Schon als Kind schrieb er kleine Theaterstücke und verfasste die ersten Gedichte. Sein Vater wollte gerne, dass der begabte Sohn ein Rechtsanwalt wird, aber das behagte dem leidenschaftlichen Poeten überhaupt nicht. Schon bald wurde er sehr berühmt mit seiner Erzählung *Die Leiden des jungen Werther* und dem Drama *Götz von Berlichingen*. Bald lernte er den jungen Herzog von Weimar kennen, den Sohn von Anna Amalia. Der Herzog konnte sich rühmen, den bedeutendsten Dichter Deutschlands an seinen Hof geholt zu haben. Goethe wurde Staatsminister, durfte sich Geheimrat nennen und wurde in den Adelsstand erhoben. So wurde aus dem kleinen Wolfgang der große Johann Wolfgang von Goethe. Das Schreiben und Dichten blieb natürlich seine eigentliche Leidenschaft, und im Verlauf seines langen Lebens – er wurde 82 Jahre alt – schuf er wunderbare Gedichte, verfasste zahlreiche Romane und Theaterstücke. Sein bekanntestes Werk ist das Drama *Faust*. Daran schrieb er sein Leben lang und vollendete den letzten Akt kurz vor seinem Tode. Zu seiner Zeit galt er als Universalgenie, so ähnlich wie Leonardo da Vinci. Alle Zweige der Wissenschaft interessierten ihn, wie z.B. Geologie, Anatomie, Physik und Astronomie. Herzog Karl August schenkte ihm ein geräumiges Haus am Frauenplan, damit er seine umfangreiche Bücher- und Antiquitäten-sammlung unterbringen konnte. Das Haus ist jetzt ein Museum und wir können hineingehen und alle Räume besichtigen.

Nun habe ich euch genug über Goethe erzählt, jetzt wollen wir uns seinem Freund Schiller zuwenden. Der hatte es von Anfang an sehr schwer im Leben und musste viele bittere Situationen überstehen. Seine Eltern waren arm und schickten ihn mit 13 Jahren auf eine berüchtigte Militär-schule, die mehr einem Zuchthaus als einer Bildungsstätte glich. Schiller litt ständig unter verschiedenen Krankheiten und starb leider viel zu früh mit 46 Jahren. In der ihm verbleibenden Zeit schuf er mit Fleiß, Disziplin und dichterischem Genie Schauspiele wie *Wilhelm Tell* oder *Maria Stuart*. Berühmt sind seine zahlreichen Balladen, und ihr kennt sicher die *Bürgschaft* oder *Das Lied von der Glocke*. Schiller verfügte außerdem über umfangreiche Geschichtskenntnisse und schrieb unter anderem eine Abhandlung über den Krieg in den spanischen Niederlanden. Über Nacht berühmt wurde er mit seinem Drama *Die Räuber*. Hier rechnet er mit der Willkürherrschaft der zahlreichen Landesfürsten ab und stellt die Obrigkeit als kriminell dar. Die Folge war einerseits eine riesige Welle der Begeisterung bei den fortschrittlich denkenden Leuten, und wütende Empörung bei den Machthabern. Nach der französischen Revolution wurde Schiller von der Nationalversammlung sogar das Bürgerrecht verliehen. Das alles geschah in einer Epoche, die als „Sturm und Drang" bezeichnet wird. Schiller mit seinen *Räubern* und Goethe mit seinem *Götz von Berlichingen* waren die Hauptstützen dieser Protestbewegung. Zum Segen der Weltliteratur schlossen die beiden Genies im Jahre 1794 Freundschaft und unterstützten sich gegenseitig bei ihren Schöpfungen. Obwohl sie nur wenige Straßen voneinander getrennt lebten und zahlreiche Gespräche miteinander führten, wanderten mehr als 1000 Briefe hin und her. Goethe hat die Briefsammlung kurz vor seinem Tode drucken lassen, sie umfasste sechs Bände."

Die Pferdchen freuten sich sehr über die ausführliche Auskunft, bedankten sich herzlich bei Christian und lobten sein umfangreiches Wissen. „Gibt es denn immer noch Aufführungen in diesem Theater?" wollte Pamina wissen, „wir würden zu gern ein Stück von Schiller oder Goethe sehen." „Auf diese Frage habe ich gewartet und darf euch verraten, dass heute der *Faust* auf dem Spielplan steht. Eintrittskarten habe ich bereits besorgt. Wir werden in der ersten Reihe sitzen und die besten Schauspieler Weimars erleben."

Tief beeindruckt verließen unsere Freunde nach dem letzten Akt das Theater. Noch lange hörten sie den brausenden Beifall, der offenbar nicht enden wollte. „Das arme Gretchen", seufzte Pamina, „sie tut mir so leid. Schuld ist dieser schreckliche Mephisto, der nur seine Wette gewinnen will. Wie gern wäre ich eine Schauspielerin, dann würde ich auf jeden Fall die Rolle des Gretchen übernehmen."

Keiner aus der Gruppe hatte bemerkt, dass sich ein freundlich blickender Herr zu ihnen gesellt hatte und Paminas letzte Worte hörte. „Das kannst du haben, kleines Fräulein. Ich bin der Direktor des Theaters und immer auf der Suche nach neuen Talenten." So sprach der freundliche Mann, und weil er Pamina so sympathisch fand, bot er ihr gleich einen Ausbildungsplatz an der Schauspielschule sowie eine Unterkunft im Studentenheim an.

Einerseits traurig, weil Pamina sich von der Gruppe trennen musste, andererseits erfreut wegen der großen Chance, die sich ihrer Gefährtin bot, verbrachten unsere Freunde eine letzte Nacht im ELEPHANT. „Christian wird auf mich aufpassen", versprach Pamina beim Abschied am nächsten Morgen, "und euch wünsche ich weitere spannende Abenteuer." Nach innigen Umarmungen verließen die restlichen fünf Kameraden die Stadt Weimar und begaben sich auf den Weg Richtung Wien.

WIEN

Es war ein langer Weg von Weimar nach Wien, von den Wäldern Thüringens bis zur Hauptstadt des habsburgischen Kaiserreiches. Einen großen Teil der Strecke bewältigten sie mit der Eisenbahn, die seit einigen Jahrzehnten die langsame und unbequeme Postkutsche abgelöst hatte. Mit immerhin 80 km pro Stunde eilte der Dampfzug über Bamberg und Nürnberg Richtung Regensburg, während sich die fünf verbliebenen Reisegenossen im Speisewagen Thüringer Klöße mit Rotkohl schmecken ließen. „Die erste Eisenbahnstrecke Deutschlands verlief zwischen Nürnberg und Fürth und wurde im Jahre 1835 eingeweiht. Sie war 6 Kilometer lang und der Zug erreichte eine Geschwindigkeit von ungefähr 50 Kilometer pro Stunde. Einige Mediziner warnten davor, dass eine derart hohe Geschwindigkeit der Gesundheit schaden könne. Heute schaffen wir weit über 150 km/h, das hat keinem Fahrgast geschadet", erklärte der redselige Schaffner, während er mit einer Zange kleine Löcher in die Fahrkarten knipste. In Regensburg ange- kommen begaben sie sich zu der berühmten Steinernen Brücke, welche die Donau überspannt und in deren Nähe zahlreiche Flussdampfer ihren Liegeplatz haben. Einer davon, die *Walhalla*, war bereit zum Ablegen. Die Mannschaft löste schon die Haltetaue von den Pollern und begann, die Laufplanke einzuziehen, als fünf kleine Pferdchen außer Atem angerannt kamen. „Wohin geht die Fahrt? Nach Wien?" riefen sie durcheinander, „dann möchten wir gerne mitkommen. Lasst uns an Bord!"

Die Fahrt nach Wien verlief ruhig, die reinste Erholung. Kein Vergleich mit dem stürmischen Ritt auf dem Atlantik. Nun saßen sie in dem berühmten Café Landtmann vor einem großen Stück Torte und einer Tasse Kaffee. Nicht irgendein Kaffee, sondern eine der zahlreichen Spezialitäten des Hauses Landtmann. Dante wagte sich an einen Pharisäer, einen großen Mokka mit Rum, Kakaopulver, Schlagsahne und Zimt. Homer begnügte sich mit einem Kännchen Milchkaffee, während Julian unbedingt den Mozartkaffee mit Likör und Mandelsplittern probieren wollte. Titus ließ sich von einem großen Mokka im Glas mit Orangenlikör, Schlagsahne und Streuseln verlocken, dem Lieblingsgetränk der Kaiserin Maria Theresia. Hippie wiederum ergötzte sich an einer heißen Schokolade mit Schlagsahne und einem Schuss Amaretto. Bedient wurden sie von der Tochter des Caféhaus-Besitzers, die ganz entzückt war von ihren ungewöhnlichen Gästen. „Mein Name ist Elisabeth, ihr könnt mich aber gern Sissy nennen. Meine Eltern haben mir den Namen unserer Kaiserin gegeben, die ebenfalls Sissy genannt wird. Manchmal besucht sie zusammen mit ihrem Gemahl, dem Kaiser Franz Joseph, heimlich unser Café. Ab und zu möchten sie ungestört ihren Kaffee trinken. Darf ich fragen, was euch nach Wien geführt hat?" „Wir haben keinen festen Plan. Uns lockt das Abenteuer und der Wunsch, die Welt zu erkunden. Fünf von uns sind unterwegs in verschiedenen Städten hängengeblieben. Wenn das so weitergeht, sind wir bald über ganz Europa verteilt." „Bevor ihr Wien wieder verlasst, müsst ihr euch unbedingt die Lipizzaner in der Hofreitschule ansehen. Ich möchte später einmal Tierpsychologin werden und absolviere dort ein Praktikum. Die Lipizzaner sind oft schwierige Patienten mit Verhaltensstörungen und benötigen dringend eine Therapie. Allerdings empfinden sie sich als absolut vollkommen und streiten jegliche Notwendigkeit dieser Art ab. Na, ihr werdet sie kennenlernen. Habt ihr morgen Zeit für einen Besuch?"

Am nächsten Morgen begab sich die Gruppe unter der Obhut von Sissy zu der Spanischen Hofreitschule, einem Nebengebäude der Hofburg. Hier werden ausschließlich Hengste ausgebildet, bis sie die sogenannte Hohe Schule beherrschen. Dann sind sie in der Lage, alle Schrittfolgen, wie z.B. die Piaffe, die Passage oder die Galopp-Pirouette in Perfektion vorzuführen. Die Ausbildung kann bis zu vier Jahre dauern. Das Training war bereits in vollem Gange. Acht junge Hengste übten unter Anleitung eines Bereiters Galoppwechsel und das Tanzen nach Walzermusik. Jetzt bildeten sie eine Reihe und zogen in schnurgerader Linie an den kleinen Artgenossen vorbei. „Was sind das denn für komische Kreaturen?", bemerkte der Anführer laut und rümpfte verächtlich die Nase, „was haben die denn hier zu suchen?" Homer war empört. „Was fällt dir ein, uns so grob zu beschimpfen. Wir sind Zuschauer und haben niemanden beleidigt." „Allein eure Anwesenheit beleidigt uns. Schaut euch doch an, und dann mich. Der Unterschied ist wohl deutlich genug. Ihr seid klein und ungepflegt, ich bin groß und schön. Meine Mähne ist zu Zöpfen geflochten, ebenso mein Schweif. Ich trage einen weißen Sattel aus feinstem Leder, und mein Zaumzeug ist mit goldenen Knöpfen besetzt. Allein mein Name Maestoso deutet auf edle Abstammung hin." Mit diesen Worten setzte er hocherhobenen Hauptes seinen Weg fort.

Die kleine Hippie war tief getroffen von den Schmähungen und vergoss bittere Tränen. Sie war ein besonders sensibles und liebenswürdiges Geschöpf und konnte nicht begreifen, dass jemand zu derartigen Kränkungen in der Lage ist. „Nimm es nicht persönlich," hörte sie eine freundliche Stimme direkt über ihrem Kopf, „Maestoso hat ein gestörtes Verhältnis zur Umwelt und leidet an Selbstüberschätzung. Es tut mir leid, dass du jetzt traurig bist." Hippie hob den Kopf und schaute einem mitfühlend blickenden Lipizzaner-hengst direkt ins Gesicht. „Lass mich noch diese Übung beenden, und danach würde ich sehr gerne ein wenig mit dir reden. Mein Name ist Angelo. Ich hoffe, du hast ein wenig Zeit für mich." Hippie wurde ganz verlegen, errötete leicht und wischte die Tränen weg. „Ja, sehr gerne, ich habe nichts weiter vor", flüsterte sie leise. Doch deutlich war zu erkennen, dass sie den erlittenen Schock noch nicht überwunden hatte.

Sie trafen sich im Schlossgarten und setzten sich neben-einander auf eine schön geschnitzte Bank neben dem Seerosenteich. Es wurde ein langes Gespräch und es gelang Angelo, der kleinen Hippie für den Moment Trost zu spenden. Ein zärtliches Gefühl wärmte sein Herz, und auch sie fühlte sich zu dem sympathischen Hengst magisch hingezogen. Behutsam flüsterte Angelo ihr ins Ohr: „Wir sollten die Welt nicht nach ihrem äußeren Schein beurteilen. Eine Rose ist wunderschön, an ihrem Stiel befinden sich jedoch gefährliche Dornen. Wir Lipizzaner gelten ebenfalls als makellos schön. Wir beherrschen die schwierigsten Schrittfolgen und sind sehr stolz auf uns selbst. Wer schaut dabei in unser Herz? Weiß jemand, ob wir in der Lage sind, Mitgefühl zu zeigen oder Liebe zu empfinden? Ständige Bewunderung führt eher zu Hochmut und zur Ablehnung alles vermeintlich Minderwertigen. Dich habe ich lieb-gewonnen und werde deshalb von meinen Kameraden bestimmt verspottet. Sie empfinden es als nicht standesgemäß, wenn so edle Geschöpfe wie wir sich mit Angehörigen einer angeblich minderen Rasse abgeben. Du strahlst Herzenswärme aus. Ich spüre dein reines Wesen und fühle mich zu dir hingezogen. Es spielt keine Rolle, dass wir uns äußerlich voneinander unterscheiden. Für dich verzichte ich auf eine Karriere als Superstar, weil mir wahre Liebe viel wichtiger ist als vergänglicher Beifall." Hippie liefen diesmal dicke Tränen der Freude über die Wangen. „Auch du hast mich schon bei unserer ersten Begegnung tief berührt. Ich kann mir nichts Schöneres vorstellen, als ein Leben an deiner Seite zu führen. Eines Tages wird auch die äußere Welt unsere Verbindung akzeptieren, vielleicht sogar als beispielhaft empfinden. Ja, mein Freund, ich möchte bei dir bleiben und in Zukunft alle Freuden und auch mögliche Schwierigkeiten mit dir teilen. Zunächst aber muss ich die erlittene Demütigung verkraften und mein seelisches Gleichgewicht wiederfinden."

Sissy, die angehende Psychotherapeutin, hatte eine Idee, wie dieser Wunsch erfüllt werden könnte. Sie berichtete von einem berühmten Mann namens Doktor Sigmund Freud, der völlig neuartige Methoden zur Heilung seelischer Krankheiten entwickelt hatte. Sie würde für einen Termin sorgen und Hippie in die Berggasse Nr. 19 begleiten. Dort hatte der Doktor seine Praxis eingerichtet. Pünktlich waren sie zur Stelle und wurden von einer freundlichen Dame in das Behandlungszimmer geleitet. Der Raum ähnelte eher einer Mischung aus Büro und gemütlichem Wohnzimmer. Überquellende Bücherregale an den Wänden, ein mächtiger Schreibtisch und am auffälligsten eine Art Sofa oder Couch. Dr. Freud erhob sich hinter seinem Schreibtisch, betrachtete aufmerksam seine Besucher und bat sie, Platz zu nehmen. „Was kann ich für euch tun?", fragte er mit Interesse in der Stimme. „Meine Freundin hier hat einen schweren Schock erlitten", erklärte Sissy, „ein höchst arroganter Lipizzaner hat sie auf grobe Weise beleidigt. Seitdem befindet sie sich in einem Zustand tiefster Depression. Hoffentlich können Sie helfen, verehrter Herr Doktor?" Dr. Freud deutete auf das Sofa und bat Hippie, sich entspannt hinzulegen, die Augen zu schließen und ruhig zu atmen. „Spüre deinen Atem, wie er deine Lungen füllt und spüre die Pause zwischen Einatmen und Ausatmen. Lass alle Gedanken los, hier bist du in Sicherheit, es gibt nur das Hier und das Jetzt. Ich zähle jetzt langsam von 1 bis 10, und bei jeder Zahl wirst du tiefer und tiefer in Entspannung geraten. Dann werde ich einige Fragen stellen, und dein Unterbewusstsein wird die richtigen Antworten geben." Sigmund Freund hatte diese Methode selbst entwickelt und nannte sie Hypnose-Therapie. Bei 10 fiel Hippie in eine Art Schlaf, war aber trotzdem bei vollem Bewusstsein. „Erzähle mir etwas von deinen Eltern", begann der Doktor mit sanfter Stimme, „wie ist das Verhältnis zu deiner Mutter? War sie immer lieb zu dir?" „Meine Mutter hat mich immer sehr behütet. Sie hatte immer Angst, dass mir etwas Schlimmes passiert. Wenn ich mit den anderen Kindern herumtobte, war sie immer dabei und passte auf." „Aha, murmelte Dr. Freud und schrieb etwas in sein Notizbuch. Wie verhält es sich mit deinem Vater? Was fühlst du, wenn du an ihn denkst?" „Ich fühle Angst und Ablehnung. Mein Vater hatte sich einen Sohn gewünscht und war enttäuscht, dass es nur eine Tochter wurde. Er war nie zufrieden mit mir und kritisierte alles. Mein Aussehen, meine schulischen Leistungen und mein empfindsames Wesen. Geschlagen hat er mich nie, aber auch nie gestreichelt oder umarmt." Der Doktor stellte noch weitere Fragen, schien aber bereits zu einer Erkenntnis gelangt zu sein. „Ich zähle jetzt langsam rückwärts von 10 bis 1. Bei 1 öffnest du die Augen und bist wieder bei vollem Bewusstsein." So geschah es. Hippie rieb sich verwundert die Augen und blickte den Doktor erwartungsvoll an. Dieser entwickelte folgende Diagnose: „Du hast unter dem domi-nanten Verhalten deines Vaters gelitten. Es fehlte somit das männliche Element der liebevollen Zuwendung, welches von der Mutter nicht ausgeglichen werden konnte. In dem Moment, als dieser Hengst Maestoso euch so gemein beschimpft hatte, glaubtest du, vor deinem Vater zu stehen. Wieder war er unzufrieden mit dir, und alle die alten Gefühle von Ablehnung und erlittenen Demütigungen überrollten dich. Du bist ein wundervolles Geschöpf und musst niemanden etwas beweisen. So wie du bist, bist du richtig. Damit diese Erkenntnis jedoch in dein Bewusstsein eindringt, werde ich meine Behandlung fortsetzen. Danach wirst du deinen Wert erkennen und keine Beleidigung kann dich mehr erschüttern. Du wirst die Stärke besitzen, deinem Vater ohne Angst entgegenzutreten, um die Probleme mit ihm zu klären." So geschah es dann auch, und nach einigen

Stunden auf Dr. Freuds Sofa hatte Hippie ihre innere Ruhe wiedergefunden.

Hippie und Angelo beschlossen zu heiraten. Die Trauung vollzog sich im Stephansdom und wurde vom Erzbischof zelebriert. Die Kaiserin Sissy übernahm die Rolle einer Trauzeugin. Unter den Gästen befanden sich der Kaiser Franz Joseph, Dr. Sigmund Freud, die kleine Sissy und sogar einige reumütig blickende Lipizzaner. Dante, Homer Julian und Titus freuten sich über das Glück ihrer kleinen Freundin und sahen trotzdem wehmütig dem Abschied entgegen. Die Reise war für die verbleibenden vier noch lange nicht zu Ende.

SIENA

„O Siena, du Perle der Toskana, endlich zeigst du dich in deiner unvergleichlichen Pracht und Herrlichkeit", rief Dante begeistert aus und richtete seine Blicke gen Himmel. Bestimmt dachte er in diesem Moment an seinen genialen Namensvetter, den Dichter Dante Alighieri, der im 14. Jahrhundert in der Nachbarstadt Florenz lebte und seine *Göttliche Komödie* schuf. Homer setzte eine nachdenkliche Miene auf und sprach: „Nach meiner Berechnung haben wir großes Glück, oder das Schicksal meint es gut mit uns. Denn in diesen Tagen findet in Siena der berühmte Palio statt. Hoffentlich finden wir noch ein Quartier, es werden zahlreiche Touristen die Hotels und Pensionen belegt haben." „Was meinst du mit Palio, was ist das überhaupt?", nuschelte Titus und kaute dabei auf einer Möhre herum. „Nun, es handelt sich um ein riesiges Volksfest, welches zweimal im Jahr stattfindet, und das bereits seit fünfhundert Jahren. Den Höhepunkt bildet ein Pferderennen auf der Piazza del Campo, dem zentralen Platz von Siena. In Siena gibt es siebzehn so genannte Contraden, das sind so eine Art Vereine, die jeweils einen Stadtteil repräsentieren. Jede Contrada hat ihr eigenes Wappen und die jungen Burschen tragen historische Kostüme und ziehen trommelnd und fahnenschwenkend durch die Straßen der Stadt. Zehn per Los ausgewählte Contraden nehmen an dem Rennen teil. Die bunt geschmückten Pferde werden von ebenso bunt geschmückten Jockeys ohne Sattel geritten. Gewonnen hat, wer den riesigen Platz als Erster umrundet hat. Dem Sieger winkt hohe Ehre, er gilt als Volksheld." Nach dieser erschöpfenden Auskunft zündete sich Julian eine Pfeife an, die er sorgfältig mit edlem toskanischem Tabak gestopft hatte. „Tolle Sache", meinte Titus, „können wir da nicht auch teilnehmen?" „Unsinn, was willst du denn gegen hochgezüchtete Rennpferde ausrichten? Außerdem gehören wir zu keiner Contrada."

Die Glückssträhne unserer Freunde setzte sich fort. Sie fanden ein behagliches Quartier in der Nähe der Piazza del Campo mit einem gutmütigen Wirt, der die kleinen Ponys sofort liebgewann. Antonio – so hieß der Wirt – hatte einen zehnjährigen Sohn namens Rico, der von den ungewöhnlichen Gästen total begeistert war. Gern zeigte er den Ponys jeden Winkel der Stadt, gab ein bisschen vor seinen Freunden mit ihnen an und besorgte ihnen aus Vaters Vorratskammer die köstlichsten Leckerbissen. Besondere Zuneigung fasste Rico zu Titus, mit ihm fühlte er sich wesensverwandt. Titus war für jeden Streich zu haben, hatte vor nichts Angst und träumte von großen Taten, genau wie Rico. Oft sah man die beiden durch die Gassen streifen, in spannende Gespräche über Ritter, Räuber und Prinzessinnen vertieft. Bei einem dieser Streifzüge kamen sie an einem gepflegten Stallgebäude vorbei, das eher wie die Wochenendvilla eines Millionärs wirkte und weniger an eine Wohnstätte von Pferden erinnerte. Rico blieb ruckartig stehen und seine Blicke schweiften verträumt über das prachtvolle Gebäude. „Was ist los?", wollte Titus wissen, „wohnt hier die Tochter des Sultans von Samarkand? Oder finden wir in diesem zweifellos gemütlichen Stall den heiligen Gral?" „Nein, lieber Freund, all das finden wir hier nicht. Aber etwas Ähnliches. Hier wohnt nämlich Adonis, der edelste und schönste Hengst der Welt. Er ist der Top-

Favorit für den nächsten Palio, unschlagbar, niemand kann ihn besiegen." „Pah!", Titus war keineswegs überzeugt, „niemand ist unschlagbar, und Pferde, auch wenn sie Adonis heißen, sind schließlich keine Götter. Schauen wir uns das Prachtexemplar doch einmal an." Mit diesen Worten schob Titus die wappengeschmückte Stalltür beiseite und begab sich, gefolgt von Rico, in das Innere dieser Luxusvilla für Pferde. Dort stand er nun, erhobenen Hauptes und voll im Bewusstsein seiner unvergleichlichen Schönheit und Kraft – Adonis, der König unter den Rennpferden der Toskana. Ricos Blicke drückten grenzenlose Bewunderung aus. „Sieh nur, diese Muskeln, diese kräftigen Hufe, und wie er den Kopf hält, einfach göttlich!" „Pah!", Titus verlor allmählich die Geduld, "ein Angeber ist das, ein hochmütiger, aufgeblasener Hohlschädel, weiter nichts. Frag ihn doch mal, ob er lesen oder schreiben kann oder ob er weiß, wer Leonardo da Vinci war. Was nützen pralle Muskeln, wenn das Gehirn schwach ausgebildet ist?" Rico entgegnete jedoch, dass genau diese prallen Muskeln das Rennen entscheiden würden. Adonis sei nun mal der haushohe Favorit, auch ohne Lesen und Schreiben, und kein anderes Pferd kann sich mit ihm vergleichen. Über solche Worte konnte Titus nur müde lächeln: „Für mich steht fest, Klugheit und Einfallsreichtum sind wertvoller als Kraft und Schönheit. Wir beide könnten das beweisen. Lass uns einfach an diesem Rennen teilnehmen."

Diese letzten Worte hatte Adonis gehört, so wenig ihn das Gespräch der beiden Freunde bis dahin interessiert hatte. Nun begann er wiehernd zu lachen, warf den edel geformten Kopf in den Nacken und schüttelte seine frisch gekämmte Mähne. „Teilnehmen? Ihr beiden Komiker? Ich habe mich wohl verhört, wie?", schnaubte Adonis verächtlich, nachdem er seinen Heiterkeitsanfall überwunden und die natürliche Arroganz zurückgewonnen hatte. "Ein Zwergpony und ein Menschenjunges wollen beim weltberühmten Palio gegen die besten Pferde der Toskana, ja sogar gegen mich antreten, ich fasse es nicht! Aber geht ruhig an den Start. Wenn ihr Glück habt, wird euch niemand bemerken. Wenn ihr Pech habt, werdet ihr zertreten. Wahrscheinlich habt ihr Pech." Mit gelangweilter Miene wandte sich Adonis wieder seiner Lieblingsbeschäftigung zu – der Pflege seiner wohlgeformten Hufe.

Wieder draußen ließ Rico traurig den Kopf hängen, während Titus listig lächelte. „Das ist es!", rief er begeistert, „ich hab's. Dieser Angeber hat mich auf eine tolle Idee gebracht. Wir werden aller Welt zeigen, dass ein kluger Kopf mehr erreichen kann, als ein starker Arm. Es stimmt, wir sind beide nicht sehr groß, aber gerade das ist unser Vorteil. Kleine Leute werden leicht übersehen. Sag mal, mein Freund, besitzt du Rollschuhe? Ich meine solche, die ich mir an den Hufen befestigen könnte?" Rico zögerte einen Moment mit seiner Antwort, denn er hatte Mühe, diese völlig unpassende Frage zu verarbeiten. Dann nickte er langsam und schaute dabei seinen vierbeinigen Partner mit einer Mischung aus Zweifel und Hoffnung in die Augen. „Mein Vater hat mir welche gebastelt aus Teilen einer alten Modelleisenbahn. Besonders schön sind sie nicht, aber sehr stabil." „Fein", Titus lächelte entzückt, „dann gehen wir jetzt zu dem Café dort an der Ecke, da ist gerade ein Tisch frei geworden. Bei einem Becher Erdbeereis werde ich dir meinen Plan erläutern. Aber leise sprechen, niemand darf uns belauschen. Mein lieber Junge, das wird ein Spaß. Komiker hat uns dieser Adonis genannt! Wir werden einen Narren aus ihm machen. Es geht doch nichts über italienische Eis-Spezialitäten, mmh – und diese Sahne!" Titus schmatzte genießerisch und beugte sich dann mit geheimnisvoller Miene zu Ricos Ohr. „Kennst du die Geschichte vom Vogelkönig? Nein? Dann werde ich sie dir erzählen."

Eines Tages wollten die Vögel einen König wählen, weil jedes vernünftige Volk einen König haben möchte. Sie versammelten sich auf einem großen Feld und wählten einen Rat aus fünf besonders weisen Vögeln, der bestimmen sollte, wie der neue Herrscher der Lüfte gefunden werden kann. So setzten sich denn die Eule, der Rabe, der Pelikan, der Marabu und der Storch auf einen Ast hoch oben im Wipfel eines Mammutbaumes und suchten nach einer Lösung des Problems. Nach vielem Hin und Her meldete sich der Rabe zu Wort, nahm seine Brille ab, putzte sie sorgfältig und unterbreitete folgende Idee: „Unser neuer Herrscher muss vor allen Dingen stark und wahrhaft majestätisch sein. Eisenhart sei sein Gemüt, prachtvoll sein Gefieder und sein Blick lasse die Bösen erzittern und die Guten auf friedliche Zeiten hoffen. Auch sollte er über Ausdauer, fliegerisches Können und Erfahrung im Umgang mit Schnabel und Klauen verfügen. Besonders klug braucht er nicht zu sein, dafür hat er uns, seine treuen Ratgeber. Ich schlage deshalb einen Wettbewerb vor. Wer fliegend die höchste Höhe erreicht, weit über die Wolken hinaus, der soll für alle Zeiten unser Gebieter sein." Diese Rede fand großen Anklang und der Vorschlag wurde einstimmig angenommen.

Am nächsten Tag starteten alle Bewerber um die Krone gen Himmel und mühten sich gewaltig, die Wolken zu erreichen und der Sonne so nahe wie möglich zu kommen. Einer nach dem anderen machte schlapp und musste erschöpft zur Erde zurückkehren. Nur der Adler ließ keine Müdigkeit erkennen und ohne zu schnaufen schraubte er sich weiter und weiter nach oben, bis keiner von den Konkurrenten mehr zu sehen war. Vorsichtshalber legte er noch hundert Meter drauf, hielt dann inne und meinte befriedigt: „Nun bin ich König." „Bist du nicht", piepste da ein zartes Stimmchen, und unter dem Gefieder des Adlers kroch der kleine Zaunkönig hervor, „denn ich habe gewonnen." Und der Zaunkönig flatterte noch ein paar Meter höher.

„Siehst du, mein Freund, so geht es. Und genauso machen wir es auch!" Ricos Miene jedoch drückte Unverständnis aus. „Was hat diese Geschichte mit uns zu tun?" „Nun, wir machen es genauso wie der Zaunkönig. Pass auf! Beim Start stellen wir uns heimlich hinter den Angeber Adonis. Niemand wird uns bemerken, wir sind zu klein und zu unbedeutend. Ich schnalle meine Rollschuhe an, du steigst auf meinen Rücken, hältst dich gut fest und dann .....!"

Endlich war er da, der aufregendste Tag für die Bewohner Sienas. Schon kurz nach Sonnenaufgang begann es in den Straßen und Gassen zu rumoren. Die Bäcker hatten die ganze Nacht geschuftet und tausende Brötchen in Pferdeform und Pferdekopf-Brote gebacken. In jedem Brot steckte eine kleine Fahne mit dem Wappen einer der siebzehn Contraden. Ein besonders begabter Konditor hatte den Favoriten Adonis ganz aus Marzipan modelliert, ein wahres Kunstwerk. Fröhlich kauend und schwatzend schob sich die Menge der Zuschauer in Richtung Piazza del Campo. Schnell waren alle Sitzplätze der zahlreichen Cafés und Restaurants rund um die Rennbahn belegt, und bald war es kaum noch möglich, trotz Einsatz von Knie und Ellenbogen einen Stehplatz zu ergattern. Sämtliche Balkone und Fenster der umliegenden Häuser füllten sich mit neugierigen Touristen, die in der Hoffnung auf freie Sicht viel Geld an die Wohnungseigentümer gezahlt hatten.

Und dann kamen sie! Unter Fanfarengeschmetter und Trommelwirbel hielten die prachtvoll geschmückten Rennpferde und ihre nicht weniger prachtvoll geschmückten Reiter Einzug in die Arena. Das Volk jubelte, schwenkte kleine Fähnchen und ein jeder schrie laut den Namen seines Lieblingspferdes, auf das er häufig hohe Summen gewettet hatte. Adonis kümmerte sich nicht um den ganzen Trubel. Siegessicher begab er sich zur Start- und Ziellinie, streifte seine Gegner mit einem mitleidigen Blick und betrachtete entspannt die Wolken am Himmel. Auch die anderen Teilnehmer versuchten jetzt, eine günstige Ausgangsposition zu finden, so dass ein erhebliches Gedrängel entstand, bis endlich alle unter

Fluchen und Schubsen ihre Plätze eingenommen hatten. Niemand bemerkte in diesem Trubel das winzige braune Pferdchen, auf dessen Rücken ein kleiner Junge kauerte. Unter die hinteren Hufe hatte es stabile Rollschuhe geschnallt. Geschickt schlich es zwischen den Beinen der nervös tänzelnden Rennpferde hindurch und verharrte geduckte hinter Adonis' Rücken. Titus – wir haben ihn natürlich erkannt – schnaubte erleichtert und wickelte behutsam die Spitze von Adonis langem, gepflegten Schwanz um den linken Vorderhuf. Keinen Augenblick zu spät, denn schon ertönte ein lauter Peitschenknall, das quer über die Straße gespannte rote Startband wurde beiseite gerissen und wie entfesselt stoben Pferde und Reiter in wilder Jagd davon. Schon die erste Kurve forderte ihre Opfer. Ein Jockey versuchte, seinen Gegner aus dem Sattel zu stoßen, verlor dabei das Gleichgewicht und fiel auf die Straße. Ein anderer nahm die Kurve zu eng, sein Hengst rutschte aus und beide knallten gegen die hölzernen Leitplanken. Adonis startete wie erwartet am schnellsten. Wie der Blitz fegte er los und ließ alle Gegner in einer Staubwolke hinter sich. Zwar wunderte er sich ein wenig über den kurzen Ruck, den er beim Start verspürt hatte, kümmerte sich aber nicht weiter darum. Mit trommelnden Hufen und einem überlegenen Lächeln auf den Lippen raste er dem Ende der Rennstrecke entgegen. Doch ein einfacher Sieg war ihm nicht genug, er wollte seine Gegner demütigen und seine Überlegenheit deutlich unter-streichen. Kurz vor dem Ziel vollführte er eine elegante Drehung und reckte seinen Kopf stolz der heraneilenden Meute entgegen. Titus, der sich immer noch an Adonis Schwanz klammerte, und der auf ihm hockende Rico wurden schwungvoll über die Ziellinie geschleudert, Adonis wunderte sich über den plötzlichen Lärm, der ungeheuerlich anschwoll und in einem Höllenkonzert aus Geschrei, Trompetengeschmetter, Trommelgedröhn und Pfeifengetriller gipfelte. „Ich bin doch noch gar nicht über die Ziellinie gelaufen", dachte er erstaunt und drehte sich ruckartig um. Was er jetzt mit ansehen musste, raubte ihm fast den Verstand. Sein Unterkiefer klappte herunter, ebenso die Ohren, und die Augen traten aus ihren Höhlen. Jubelnd trug die Menge einen kleinen Jungen und ein winziges Pferdchen auf ihren Schultern. „Hurra!", erschallte es aus tausenden Kehlen, „Sieg! Gewonnen! Sie haben den Palio gewonnen! Hoch sollen sie leben!" Und immer wieder wurden unsere kleinen Helden in die Luft geworfen und wieder aufgefangen. Die Begeisterung wollte kein Ende nehmen.

Zur Feier des Tages lud Antonio das Siegerpaar und alle Freunde, Verwandten, Nachbarn und natürlich auch Dante, Homer und Julian zu einem Festessen ein. Er war mächtig stolz auf seinen Sohn und sparte nicht an Pizza, Pesto und Eiskrem. Titus gefiel es so gut in der schönen Stadt Siena, dass er beschloss, zu bleiben und zusammen mit Rico eine Fabrik für Pferderollschuhe zu eröffnen. Die Nachfrage war bereits sehr groß. Ach so, ja – Adonis – was wurde aus ihm? Nie wieder wollte er an einem Palio teilnehmen, nie wieder irgendein Rennen bestreiten. Er wurde Model für Pferdemoden und war jetzt öfter in einschlägigen Magazinen zu bewundern. Doch so richtig verwinden konnte er die erlittene Schmach nie, dazu fehlte ihm der Humor.

Homer, Julian und Dante verließen Siena am nächsten Morgen nach einem ausgiebigen Frühstück. Titus, Rico und Antonio winkten ihnen noch lange nach, wobei Titus doch ein wenig wehmütig ums Herz wurde, denn sicher würde er seine Kameraden bald vermissen.

ROM

Alle Wege führen nach Rom, so lautet eine Redensart, und unsere drei verbliebenen Abenteurer fanden das ganz in Ordnung. Tapfer marschierten sie in südliche Richtung und erreichten nach einigen Tagen die Hauptstadt der Welt. Das war Rom zumindest während der Zeit des Römischen Reiches, welches sich tausend Jahre lang über den gesamten Mittelmeerraum und halb Europa erstreckte. Voller Ehrfurcht betrachteten sie die vielen antiken Gebäude und Denkmäler aus ferner Vergangenheit. Irgendwann standen sie vor dem halb verfallenen Kolosseum, einer Art Stadion für 50.000 Zuschauer. Kaiser Vespasian hatte es bauen lassen. Allerdings wurde damals nicht versucht, mit den Füßen einen Ball zu treffen, sondern mit Schwert oder Dreizack die Rüstung eines Gegners. Gladiatoren nannten sich diese Kämpfer, und der berühmteste hieß Spartacus. „Leider wurden hier auch Tiere aufeinandergehetzt", hörten sie eine Stimme direkt hinter sich, „die alten Römer führten überall und ständig Krieg und waren deshalb nicht besonders zartfühlend." Die freundliche Stimme gehörte zu einem älteren Mann mit weißem Vollbart. „Ich bin der wissenschaftliche Berater von Papst Leo, dem Oberhaupt der katholischen Kirche. Er wohnt im Petersdom und regiert einen eigenen Staat, den Kirchenstadt oder Vatikan. Entschuldigt bitte, dass ich euch einfach so anspreche. Es gibt dafür einen Grund. Ich lese gerade die Übersetzung eines sehr alten Buches des Schriftstellers Tacitus, der vor ungefähr 2000 Jahren gelebt hat. Tacitus hat viele Reisen unternommen und schildert seine Eindrücke von den damaligen Völkern und ihren

Städten. Begleitet wurde er ständig von seinem liebsten Freund, einem kleinen Pferdchen, dem ihr verblüffend ähnelt. Gern würde ich euch dieses Buch zeigen. Mein Stammbaum geht zurück bis auf Tacitus, und vielleicht ist sein kleiner Begleiter ein Vorfahre von euch. Er hieß Julius, der Name sollte an Julius Cäsar erinnern. Mein Name ist übrigens Marcus Agrippa, Professor für Altertums-geschichte und antike Literatur." „Wäre es möglich, dass dieser Julius ein Vorfahre von mir ist?" fragte Julian aufgeregt den Professor. „Tacitus berichtete von einer fernen Inselgruppe im Nordatlantik, von der sein Freund das Pony stammen sollte. Ein phönizisches Handelsschiff hat ihn angeblich nach Rom gebracht und dort hat ihn Tacitus gekauft. In dem von mir erwähnten Buch ist ein Bild von Julius zu sehen, eine wunderschöne Zeichnung. Lasst uns zu meinem Arbeitsplatz in der Zentralen National-bibliothek gehen. Dort wird das Buch aufbewahrt und wir können gemeinsam darin lesen."

Ursprünglich waren die Texte auf Papyrusrollen ge-schrieben, und zwar in lateinischer Sprache. Ein gelehrter Mönch aus dem Vatikan hatte sie vor hundert Jahren ins Italienische übersetzt und auf Papier drucken lassen. In weiches Leder gebunden lag es geschützt in einer gläsernen Vitrine. In goldenen Buchstaben prangte auf der Vorderseite der Titel:

Publius Cornelius Tacitus

ANNALEN

Professor Agrippa legte den kostbaren Band vorsichtig auf einen mit einem samtenen Tuch bedeckten Tisch, versammelte seine Gäste um sich und begann zu blättern. Gleich auf der ersten Seite war ein Bild des Verfassers zu sehen, an seiner Seite sein treuer Freund Julius, das Pony. Der sah dem Julian der Gegenwart verblüffend ähnlich und hatte sogar eine qualmende Tabakspfeife im Mund. „Das kann nicht sein," rief dieser überrascht, „damals wurde noch nicht geraucht." „Möglicherweise doch," überlegte der Professor, „die Phönizier sollen es geschafft haben, den Atlantischen Ozean zu überqueren und bis Amerika zu gelangen. Dort haben sie mit den Indianern die Friedens- pfeife geraucht und Tabak sowie Pfeifen mitgenommen. Vielleicht sind es dieselben Phönizier, die Julius von der fernen Inselgruppe nach Rom gebracht haben. Ihm gefiel das Tabakrauchen, wie man sieht." „Eine Eigenschaft, die in dieser Familie offenbar weitervererbt wurde," meinte Dante lächelnd." Auf der nächsten Seite war die Reiseroute von Tacitus abgebildet, sein Weg quer durch das alte Europa. Jeder Ort, an dem er sich länger aufhielt, war deutlich mit einer Zahl in römischer Schreibweise gekenn- zeichnet, Neben dem Ausgangspunkt – Rom – stand die I. Die II stand neben einem Ort weit nördlich von Rom, der als etruskische Siedlung namens Saena beschrieben wurde. Tacitus erzählt, dass die Etrusker schon lange vor den Römern dieses Gebiet bewohnten, welches sie Etrurien nannten. Dieses Volk bezeichnete sich selbst als Tusker, verfügte über eine hochentwickelte Kultur und hinterließ bedeutende Bauten und Kunstwerke. Der Name der heutigen Toskana leitet sich von ihrem Namen ab." „Kann es sein, dass Saena heute Siena heißt," fragte Dante aufgeregt, "dort sind wir nämlich auch gewesen." „So ist es", lautete die Antwort von Professor Agrippa, der mit dem Finger den weiteren Reiseweg des Tacitus verfolgte. Immer weiter ging es nach Norden, über die Alpen hinweg zu einem Ort namens Vindobona, der auf der Karte mit einer deutlichen III versehen war. Laut Tacitus handelte es sich um ein Militärlager, welches die Grenze zu den Ländern der Barbaren schützen sollte. Daraus hat sich später die Stadt Wien entwickelt. Auf seinem weiteren Weg nach Norden lernte Tacitus die Germanen kennen und beschrieb ausführlich deren Sitten und Gebräuche. Einerseits sollen es rauflustige und trinkfeste Krieger gewesen sein, die ein fröhliches Gelage und einen Krug Met zu schätzen wussten. Andererseits werden sie als kinderlieb und treu geschildert. Die Kinder der Germanen waren übrigens total vom Pony Julius begeistert und wollten ihn am liebsten behalten. Ein Mann und eine Frau blieben ein Leben lang zusammen und sorgten rührend auch für die Alten und Kranken. Die Germanen teilten sich in rund 50 Stämme auf, die sich unter anderem Cherusker, Alamannen oder Bajuwaren nannten. In Thüringen gelangte Tacitus an den Fluss Saale. Ganz in der Nähe war wieder ein Ort eingezeichnet, wahrscheinlich eine Siedlung der Thüringer, und mit der Zahl IV gekenn-zeichnet. Hier bestieg er ein römisches Wachboot und ließ sich bis zur Mündung der Saale in die Elbe rudern, die damals Albis hieß. An Bord einer römischen Kriegsgaleere erreichte er ein riesiges Moorgebiet weit im Norden, wo die Elbe sich in mehrere Arme aufteilte. An einem der Hauptarme entdeckte er eine größere Siedlung, umgeben von Holzpalisaden. Zahlreiche Fischerboote schaukelten an einem langgezogenen Steg vor sich hin. So jedenfalls beschreibt Tacitus das spätere Hamburg und kennzeichnet den Ort auf der Karte mit einer V. Auf dem Landweg begab sich Tacitus nun in das Land der Gallier. Gallien war vor rund fünfzig Jahren von dem römischen Feldherrn Julius Cäsar erobert worden. Tacitus lobte denn auch die römische Kultur, welche sich hier ausgebreitet hatte, und den köstlichen Wein, dessen Anbau den Römern zu verdanken war.

Die Hauptstadt von Gallien hieß Lutetia und wurde bewohnt von einem Volk, das sich Parisii nannte. Sie gaben der Stadt später ihren Namen, nämlich Paris. Auf der Karte war eine deutliche VI zu sehen. Übrigens besuchte Tacitus hier den Feldherrn Julius Cäsar, der sich von seinen vielen Kämpfen gegen die freiheitsliebenden Gallier erholen wollte. Der saß in seinem Prunkzelt, spielte Würfeln mit dem gallischen Anführer Vercingetorix und rief nach jedem Wurf begeistert *alea iacta est,* der Würfel ist geworfen. Vercingetorix war wohl am Verlieren.

Tacitus hatte keine Lust mehr auf das mühsame Herumwandern und wollte wieder nach Hause. Er kehrte bald nach Rom zurück, jedoch ohne seinen Freund Julius. Aus den Aufzeichnungen des Julius Cäsar geht hervor, dass er die Absicht hatte, auch noch Britannia, das heutige England, zu erobern. Er brauchte einen Kundschafter, der die Verhältnisse auf der Insel ausspionieren sollte. Cäsar befahl dem Pony Julius, nach Britannia zu reisen. Julius hat die folgenden Ereignisse in seinem Tagebuch festgehalten, welches lange Zeit als verschollen galt. Kürzlich wurde es in

einem ägyptischen Tempel entdeckt, der früher der Königin Kleopatra gehört hatte. Jetzt wird es ebenfalls in der Nationalbibliothek aufbewahrt. Professor Agrippa vertrat die Meinung, Cäsar hatte das Buch seiner Freundin Kleopatra geschenkt. Jedenfalls wissen wir jetzt, wie es dem kleinen Julius weiterhin erging. Zunächst wanderte er durch das Land der Batavier, heute Holland, und hielt sich einige Tage in einem Fischerdorf (VII) am Fluss Amstel auf. Gegen einige Goldstücke erklärte sich ein Fischer bereit,

Julius über das Ijsselmeer und den Ärmelkanal nach Londinium (VIII) zu bringen. Von dort aus wanderte er unermüdlich nach Norden, zum Gebiet der Skoten. Eines Tages stand er an der nördlichsten Spitze der britannischen Insel und schaute auf das Meer hinaus. Ein seltsames Gefühl erfasste seinen ganzen Körper und sein Herz schlug heftig in der Brust. Irgendwo dort draußen, das sagte ihm eine innere Stimme, lag seine Heimat. Sturmumtoste Inseln, bewohnt von einer Vielzahl kleiner, tapferer Pferdchen. Sein Volk, seine Brüder und Schwestern. Tränen liefen ihm über das Gesicht, als er einen Schwur aussprach: „Ich komme zurück, eines Tages bin ich wieder zu Hause."

Professor Agrippa klappte das Buch zu und legte es zurück in die Glasvitrine. Homer, Dante und vor allem Julian brachten zunächst kein Wort hervor. „Mein Urahn ist denselben Weg durch Europa gegangen, wie wir. Nur in umgekehrter Richtung. Ich möchte noch mehr über ihn erfahren und sein Tagebuch lesen. Deshalb muss ich eine Weile in Rom bleiben und mich von euch trennen, meine lieben Freunde. Ich hoffe sehr, dass wir uns eines Tages wiedersehen." So sprach Julian und umarmte seine Kameraden zum Abschied.

Homer und Dante begaben sich zum Tiber, dem Fluss, der Rom mit der Hafenstadt Ostia verbindet. Dort fanden sie ein Dampfschiff, das regelmäßig zwischen Italien und Spanien verkehrte. Nach zwei Tagen legten sie in der spanischen Hafenstadt Valencia an und wanderten zu Fuß weiter, bis sie die Hauptstadt Madrid erreichten.

MADRID

„Nun sind wir glücklich im Mittelpunkt der iberischen Halbinsel angekommen, in der spanischen Hauptstadt Madrid. Vor einigen Jahrhunderten war sie sogar der Mittelpunkt der Welt, und der spanische König rühmte sich, dass in seinem Reich die Sonne nie unterging. Denn die Conquistadores, beutegierige Abenteurer, eroberten Mittel- und Südamerika, vernichteten die alten Kulturen, töteten die indianische Urbevölkerung und raubten deren Schätze. Spanien, oder besser gesagt der spanische König, wurde unermesslich reich und beherrschte somit ganz Europa. Schau dir nur die prunkvollen Paläste an, die riesigen, brunnengeschmückten Plätze, die herrlichen Alleen". Dante zeigte mal wieder sein umfangreiches Wissen. „Es gab aber auch bedeutende Künstler und Schriftsteller. Miguel de Cervantes zum Beispiel, der die berühmte Geschichte von Don Quichote verfasst hat. Übrigens spielt eine Verwandte von uns eine Hauptrolle in diesem Roman, die Stute Rosinante. Auf ihrem Rücken sitzend, bewaffnet mit Schild, Lanze und Schwert, bekämpfte Don Quichote böse Riesen und andere Unholde und beschützte und betörte schöne Damen reihenweise. Naja, die Unholde waren wohl eher Windmühlen, und Donna Dulcinea als schöne Dame zu bezeichnen, ist schon etwas gewagt", murmelte Dante vor sich hin. „Wir sollten uns vielleicht wieder praktischen Fragen zuwenden, z.B. der nach einer passenden Unterkunft. Außerdem knurrt mir der Magen, ein sicheres Zeichen für dringenden Nahrungsbedarf." Homers Mahnung fand Dantes Beifall, und sogleich begann die Suche nach einer Herberge mit angeschlossener Gastwirtschaft. Zunächst ohne Erfolg. Sämtliche Herbergen, Hotels und Gasthöfe im Stadtgebiet waren bis auf den letzten Platz ausgebucht, überall wurden sie abgewiesen. Erschöpft und genervt von der vergeblichen Suche gelangten sie zu einer etwas heruntergekommenen Hazienda am Rande der Stadt. Der Eigentümer, Don Pedro Caballo, hatte das Haus ebenfalls voller Gäste, aber den Stall mit dem eingefallenen Dach überließ er gern den niedlichen Reisenden, zumal sie offenbar über ausreichend Geld verfügten. „So ähnlich ist es Josef und Maria wohl auch ergangen auf ihrem Weg nach Betlehem", bemerkte Homer, „allerdings dürfte es bei ihnen ein bisschen kälter gewesen sein."

Im Stall fanden sich große Mengen frischen Heus, so dass sich jedes der Pferdchen ein weiches Bett bereiten konnte. „Lasst mir noch was übrig von dem Heu, das ist schließlich mein Mittagessen", ertönte eine mahnende Stimme aus dem hinteren Ende des Stalles, begleitet von schmatzenden Kaugeräuschen. „Vielleicht ist es meine letzte Mahlzeit, mein Henkersmahl sozusagen, und es ist kärglich genug." Der so sprach, war ein brauner Hengst, der seine besten Tage offensichtlich bereits hinter sich hatte. Seine Mähne zeigte schon erste graue Strähnen und der Bauch blähte sich zwischen mageren, etwas gekrümmten Beinen. „O, Verzeihung, wir ahnten nicht, dass es hier einen weiteren Bewohner gibt", entschuldigte sich Homer, „wer bist du und wie heißt du?" „Es gehört sich wohl, dass neue Gäste sich den bereits hier anwesenden vorstellen, und nicht umgekehrt", bemängelte der ältliche Hengst. „Ja, natürlich, ich bitte nochmals um Vergebung. Wir sind zwei Freunde und befinden uns auf einer Reise durch Europa. Wir fanden es zu Hause auf unserer windigen Insel zu langweilig und hatten Lust auf Abenteuer." Homer stellte Dante und sich namentlich vor, was den Hengst versöhnlich stimmte. „Ich bin Don Raymondo Corridos Gomez, gezüchtet als furchtloses Kampfross für die Picadores, bewährt in hunderten von Schlachten gegen die wildesten Stiere Spaniens. Ihr dürft aber Ray zu mir sagen, denn ich bin der König der Arena." Am Ende dieser schwungvollen Rede musste Don Ray dreimal husten, und sein Atem rasselte ein wenig in den Lungen. „Wir sind sehr beeindruckt", bemerkte Homer und konnte sich ein kleines Lächeln nicht verkneifen, „aber kann es sein, dass die Tage deines Ruhmes schon etwas länger zurückliegen?" „Naja, schon möglich." Missmutig kaute der alte Recke auf einem Bündel Heu herum. „Aber sie holen mich immer wieder. Dabei möchte ich endlich in Rente gehen und in Ruhe von der Vergangenheit träumen." „Lieber Ray, was meinst du mit Henkersmahlzeit? Irgendwie hört sich das nicht besonders erfreulich an. Wollen sie dir nichts mehr zu essen geben?", fragte Dante mit besorgter Miene. „Kann sein, dass ich bald überhaupt keine Mahlzeit mehr benötige. Kann sein, dass ich den morgigen Tag nicht überlebe, denn, wie ihr sicher bereits festgestellt habt, sind meine Muskeln etwas erschlafft. Außerdem habe ich Rheumatismus im rechten Vorderlauf und ohne Brille sehe ich kaum noch etwas. Alles nicht die besten Voraussetzungen, um morgen den wilden Stieren gegenüberzutreten." „Verzeihung, Don Ray, wir sind, wie bereits erwähnt, fremd in diesem Land und haben keine Ahnung von Stieren, Kampfrössern und Picadores. Auch habe ich den Eindruck, dass du mit Sorge an den kommenden Tag denkst. Erzähl uns doch bitte etwas von den Gefahren, die offenbar auf dich warten. Geteiltes Leid ist halbes Leid, und vielleicht können wir dir etwas Trost bieten." So sprach Homer, und sein Kamerad nickte beifällig.

Don Ray zog die Stirn in Falten und überlegte einen Moment. „Du hast mich überzeugt, mein kleiner Freund. So hört denn gut zu und lasst euch von dem blutigen Gemetzel erzählen, dem in diesem Land pausenlos unschuldige Tiere zum Opfer fallen, zur Freude mitleidloser Züchter und Geschäftemacher, die von dem Spektakel leben und möglicherweise sogar reich werden. Sie beruhigen ihr Gewissen mit dem Hinweis, dass es sich schließlich um uraltes Brauchtum handelt. Die Vorfahren der heutigen Spanier, die alten Iberer, verehrten den Stier als Sinnbild von Kraft und Schönheit. Doch wie alle Menschen waren sie überzeugt von ihrer Überlegenheit gegenüber allen anderen Lebewesen. Um diese Überlegenheit unter Beweis zu stellen, forderten einige besonders mutige oder, wie ich sagen würde, lebensmüde Draufgänger den Stier zum Kampf heraus. Tatsächlich endete dieses Duell häufig mit dem Tod des Stieres, manchmal musste aber auch der Torero, der Stierkämpfer, sein Leben lassen. Mittlerweile gibt es feste Regeln für den Ablauf einer Corrida, so heißt das gesamte Programm vom Einmarsch der Mitwirkenden bis zur Hinrichtung des bedauernswerten Stieres. Leider erwischt er nur selten den Torero, weil er am Ende schon müde und verletzt ist." Offensichtlich empfand Don Ray tiefes Mitleid mit der gequälten Kreatur, denn er schwieg eine ganze Weile und schaute betrübt vor sich hin. „Nun hört, was der Reihe nach bei einer Corrida passiert. Zunächst marschieren, wie gesagt alle Mitwirkenden in die Arena und stellen sich dem Publikum vor. Die Arena müsst ihr euch wie eine riesige, steinerne Schüssel vorstellen, ungefähr so wie das Kolosseum im alten Rom. Der innere Rand ist in Stufen unterteilt, die sich ringförmig von unten nach oben ziehen. Dort sitzen dicht gedrängt die johlenden und aufgeregt gestikulierenden Zuschauer. Der Boden der Schüssel ist mit Sand bestreut und von einer mächtigen Palisadenwand umgeben. Unterbrochen wird diese durch ein Tor aus dickem Holz. Hinter dem Tor führt ein schmaler Gang zu den Stallungen. Dort warten die Stiere, brüllend vor Wut und Angst. Einer davon wird durch das kurzzeitig geöffnete Tor in die Arena gelassen. Ein Torero schwenkt ein großes rotes Tuch und reizt damit den Stier. Er schafft es aber meistens, dem anstürmenden Koloss rechtzeitig auszuweichen, so dass dieser ins Leere läuft und immer wütender wird. Zwei berittene Lanzenträger, die Picadores, reizen das arme Tier im wahrsten Sinne des Wortes bis aufs Blut, indem sie ihm ihre Lanzen in den Nacken stoßen. Nun kennt ihr meine Rolle, denn ich diente den Picadores als Kampfross, notdürftig geschützt vor den tödlichen Hörnern durch dicke Filzdecken an den Flanken. Ich habe die Stiere immer schrecklich bedauert, obwohl sie mir in ihrer Not manche blutende Wunde beibrachten. Ich sah den Schrecken und den hilflosen Zorn in ihren Augen und die Angst vor einem schrecklichen Tod. Schlimmer noch als die Picadores sind jedoch die Banderilleros, die sich zu Fuß dem Stier entgegenstellen. Sie versuchen, mit bunten Bändern geschmückte Spieße in den bereits verletzten Körper zu stoßen und damit eine weitere Schwächung herbeizuführen. Jetzt erfolgt der Auftritt des Toreros und damit der letzte Akt der Corrida. Der Torero, auch Matador genannt, was so viel wie „Schlächter" bedeutet, reizt den Stier erneut mit einem kleineren roten Tuch, der Muleta. Am Ende tötet er das erschöpfte Tier, indem er ihm seinen Degen ins Herz stößt. Ja, meine lieben kleinen Freunde, so läuft das hier, nichts für zarte Gemüter. Wie oft schon habe ich mir gewünscht, dass die Menschen ihre Aggressionen auf andere Weise austoben. Sie könnten doch Holz hacken, oder Steine behauen, oder sie kaufen sich Boxhandschuhe und traktieren damit einen Sandsack. Aber nein, lieber bringen sie unschuldige Tiere und manchmal auch sich selbst ums Leben." Alle schwiegen betroffen. Homer beendete das Schweigen mit einem Vorschlag. „Lasst uns auf der Stelle zu den Stieren gehen. Wir müssen dringend mit ihnen sprechen. Gemeinsam werden wir eine Lösung des Problems finden, denn es gibt ganz sicher einen Weg, das ewige Gemetzel zu beenden. Die Menschen sollen dennoch ihren Spaß haben, aber auf eine etwas andere Weise. Friedlich und trotzdem amüsant." Gesagt, getan. Don Ray beschrieb unseren Freunden den Weg zur Arena, und weil sie so klein und wendig waren, gelangten sie unbemerkt zu den Stallungen der Stiere und Kampfrösser. Diese hörten aufmerksam zu, als die Shettys ihren Plan erläuterten, und nickten immer wieder zustimmend mit den mächtigen Köpfen. Am Ende herrschte große Heiterkeit, und lautes Lachen hallte von den steinernen Wänden der Arena wider.

Weit sind die Eingangstore der Arena geöffnet. Erwartungsvoll strömt das Volk in Scharen hindurch und verteilt sich im weiten Rund. Einige Zuschauer haben sich etwas zu essen mitgebracht, andere schwenken Krüge mit Wein oder Sangria. Ein wahres Volksfest, und wie der deutsche Dichter Goethe sagte: „Zufrieden jauchzet Groß und Klein, hier bin ich Mensch, hier darf ich's sein." Doch die Erwartungen der Zuschauer sollten sich nicht erfüllen – jedenfalls nicht so, wie sie sich das vorgestellt hatten.

Paukenschläge dröhnen und lassen die Menge verstummen. Dann folgen drei Fanfarenstöße, verstärkt von den zahlreichen Schalltrichtern auf den Rängen. Danach fröhliche Gitarrenrhythmen, begleitet vom Klappern zahlloser Kastagnetten. Dann erscheinen die Stiere. Langsam und mit stolz erhobenen Häuptern schreiten sie in die Mitte der Arena, den Kopf bedeckt mit einem riesigen Sombrero, an jedem Horn hängt ein silbernes Glöckchen und ihre Hufe stecken in rotledernen, mit silbernen Sporen verzierten Stiefeln. Fünf mächtige Stiere waren es, stolz und frei und glücklich in dem Wissen, dass sie ihr Leben diesmal nicht zur Erheiterung der Menschen hergeben mussten. Im Kreis stellen sie sich auf, die Köpfe einander zugewandt. Drei weitere Fanfarenstöße, und vier wundervoll geschmückte Pferde betreten die Arena. Bunte Federbüsche schmücken ihre Stirn, Mähnen und Schwänze zu kunstvollen Zöpfen geflochten, verziert mit farbenprächtigen Blüten und flatternden Bändern aus feinster Seide. Geschickt springen sie auf die Rücken der Stiere, Kopf an Schwanz stehen sie mit den Vorder- und Hinterläufen auf jeweils einem Stier und wiehern begeistert und voller Lebensfreude. Die Menschen auf den Rängen geben keinen Laut von sich. Staunend verfolgen sie das seltsame Geschehen unter ihnen in der Arena. Da passiert wieder etwas höchst Eigenartiges. Zwei kleine Pferdchen, nicht viel größer als die Hirtenhunde der einheimischen Schafzüchter, nähern sich der Pyramide aus Stieren und Pferden. Sie trippeln auf den Hinterbeinen, schwenken bunte Blumensträuße und verbeugen sich in alle Richtungen.

Gekleidet sind sie wie kleine Toreros: Schwarzes Samt-barett, goldbestickte Weste, Kniebundhosen, weiße Seidenstrümpfe und Schuhe mit silbernen Schnallen. Mühelos erklimmen sie die Spitze der Pyramide und zeigen einen vollendeten Handstand auf dem Pferderücken. Gerade wollte das Volk auf den Rängen in begeisterten Jubel ausbrechen, als ein offensichtlich betagter, grau-mähniger Hengst die Arena betritt und langsam auf die lebende Pyramide zuschreitet. Es ist Don Raymondo Corridos Gomez, von seinen Freunden Ray genannt. Ein kleiner Junge, es ist der Sohn von Don Pedro Caballo, schwingt sich aus seinem Sattel und beginnt, an Stier- und Pferdebeinen nach oben zu klettern. Triumphierend stellt er sich auf die Hinterfüße von Dante und Homer und stößt einen Jubelschrei aus. Die Menge tobt vor Begeisterung. Hüte werden in die Arena geworfen, Blumen regnen von den Rängen herab und der Beifall will nicht enden.

Dante beschließt, in Spanien zu bleiben und mit der Stier- und Pferdetruppe auf Tournee zu gehen. Don Ray und Pablo Caballo sind von diesem Plan begeistert und auf jeden Fall dabei. Vielleicht können sie erreichen, dass in Zukunft kein blutiges Gemetzel mehr stattfindet, sondern die Tiere als fühlende, dem Menschen ebenbürtige Wesen erkannt und dementsprechend behandelt werden.

HOMER kehrt zurück

Nun war Homer allein. Alle seine Kameraden hatten sich über ganz Europa verteilt. Waren sie glücklich? Er wünschte es ihnen von ganzem Herzen. Und er selbst? Wie fühlte er sich ohne seine vertrauten Gefährten? Auf jeden Fall fühlte er Heimweh. Nachts träumte er von den windumtosten Inseln im Nordmeer, wie er über die endlosen Grasflächen galoppierte, und er hörte das Geschrei der Seevögel. „Ich muss wieder zurück. Dort ist meine Heimat, dort gehöre ich hin." Immer deutlicher wuchs in ihm diese Erkenntnis, und zielstrebig machte er sich auf den Weg – nach Hause.

Fast täglich steckte eine Nachricht in Homers Briefkasten. Eine Postkarte, ein Brief, ein Telegramm. Seine lieben Freunde hatten ihn nicht vergessen. Violante war jetzt Tierärztin und durfte sich Frau Doktor nennen. Bruno fand keine Gegner mehr und fing an, sich zu langweilen. Aida schrieb, sie würde zu gerne ein Bild ihrer Heimat malen, das Meer, die Grasflächen und den peitschenden Regen. All das gäbe es in Paris nicht. Daisy wollte Manfred und Simba unbedingt ihren Geburtsort zeigen. Leider wusste sie nicht, wie man einen Elefanten und einen Löwen auf die Shetland-Inseln bringen konnte. Pamina war inzwischen eine gefeierte Schauspielerin und trat auf allen großen Bühnen Europas auf. Ihr großer Wunsch, das Gretchen im *Faust* zu spielen, war längst in Erfüllung gegangen, und nach jeder Vorstellung wurde sie mit Blumen überhäuft. Hippie war inzwischen Mutter eines reizenden Mädchens geworden. Sie gaben ihr den Namen Hippolyta, nach der sagenhaften Königin der Amazonen. Titus' Rollschuhfirma in Siena war leider Pleite gegangen. Die Pferde wollten wieder ohne Hilfsmittel durch die Gegend traben. Jetzt versuchte er, elegante Schuhe für modebewusste Stuten zu entwerfen und versprach sich ein Riesengeschäft davon. In Rom hatte Julian das Tagebuch seines Vorfahren Julius durchgelesen und mit seinen eigenen Erlebnissen verglichen. Daraufhin schrieb er selbst einen Bestseller über seine Reise durch Europa. Dante war es zwar nicht gelungen, den Stierkampf in Spanien gänzlich abzuschaffen, aber er hatte das Bewusstsein vieler Menschen verändert. Mehrere Arenen wurden für immer geschlossen und es gab sogar Politiker, die ein generelles Verbot des Stierkampfes forderten.

Homer fühlte deutlich, dass eines Tages alle in ihre Heimat zurückkehren würden. Er las die Sehnsucht in ihren Briefen und den innigen Wunsch, zusammen in Wind und Regen auf der grünen Wiese zu stehen, zu lachen, zu plaudern und die Nähe der Kameraden zu genießen.

Dieser Tag sollte kommen.

© 2021

Herstellung und Verlag:

BoD – Books on Demand, Norderstedt

ISBN: 978-3-7543-1865-2